追风少年

DISC+ 挥洒青春的活力

李海峰 张晔◎主编

华中科技大学出版社
http://press.hust.edu.cn
中国·武汉

图书在版编目(CIP)数据

追风少年：挥洒青春的活力/李海峰，张晔主编. — 武汉：华中科技大学出版社，2024.7. — ISBN 978-7-5772-1039-1

Ⅰ.G782

中国国家版本馆 CIP 数据核字第 2024UK5245 号

追风少年:挥洒青春的活力　　　　　　　　　李海峰　张晔　主编
Zhuifeng Shaonian:Huisa Qingchun de Huoli

策划编辑：沈　柳
责任编辑：康　艳
装帧设计：琥珀视觉
责任校对：林宇婕
责任监印：朱　玢
出版发行：华中科技大学出版社(中国·武汉)　　电话：(027)81321913
　　　　　武汉市东湖新技术开发区华工科技园　　邮编：430223
录　　排：武汉蓝色匠心图文设计有限公司
印　　刷：湖北新华印务有限公司
开　　本：880mm×1230mm　1/32
印　　张：6
字　　数：104千字
版　　次：2024年7月第1版第1次印刷
定　　价：50.00元

本书若有印装质量问题，请向出版社营销中心调换
全国免费服务热线：400-6679-118　竭诚为您服务
版权所有　侵权必究

序言

《追风少年:挥洒青春的活力》**是一本亲子共创的书,最适合亲子阅读**。

每一篇小作者的文章后面,都有一封家长写的信。小作者分享学习的感悟和生命的美好,家长向全世界介绍自己孩子的美好。

我有一对龙凤胎,哥哥叫希希,妹妹叫郡郡,我从他们身上学到特别多东西。

每次我给哥哥讲事情,当他做到的时候,我会不经意地说一声:"你真棒。"然后,他常常教妹妹,同样也会跟做到的妹妹说:"你真棒。"而让我感动的是,有一天,哥哥看着我说:"爸爸,你知道为什么我喜欢和别人分享吗?**因为让别人变得更棒的人最棒**。我觉得你很多时候做的就是这样的事情。"

《追风少年：挥洒青春的活力》里的小作者们都在分享自己变得更棒的故事，这些故事会启发非常多的小读者变得更棒。

旅行中，无论是遇到寺庙、道观，还是教堂，我们都会带孩子进去看看。有一次进到庙里，郡郡听到大家都说拜一下菩萨，就好奇地问："菩萨是谁？"我太太回答："菩萨就是帮助别人完成心愿的人。"郡郡跟着我们对着庙里的菩萨许愿。我们很好奇，问郡郡许的愿望是什么，郡郡回答："**我的愿望是祝所有的菩萨身体健康**。"

这本书里的家长在培养未来可以帮助他人的世界小主人，他们都值得被我们深深地祝福。

我能确定的是，今天小作者们通过文章向这个世界传递美好，未来必然将带着更大的信心去追风，去实现自己的梦想。无论未来他们到了多大年纪，只要再次翻开本书，看到父母给自己的信，都会在书中找到满满的爱意，做回父母眼里的少年。

追风少年、让自己棒、让别人棒；被人爱、被人祝福。

李海峰

2024 年 6 月 20 日

Contents

第一章 成长印记 …………………………… 1

这个春节，我过了一个故事年 ……… 洪泽川宇/3
我与单片机的不解之缘 …………… 胡嘉钦/12
"厚脸皮"是个技术活 …………… 黄悦芙/20
80%的成功概率 …………………… 黄筠茜/27
这个五一，我和爸爸一起打羽毛球 … 李晨源/35
要想学习好，必须重视自信心、
行动力、身体健康 ………………… 李家域/43

第二章 初心不变 …………………………… 51

红色的传承 ………………………… 李希仁/53

知史可以见兴替 …………………… 李彦辰/60
学骑平衡车 ………………………… 李一格/68
我和咏春的故事 …………………… 李紫郡/76
从胆小到自信的华丽转身 ………… 刘懿/83

第三章　砥砺前行 …………………………… 91

谁说站在光里的才算英雄 ………… 吕行/93
贪玩的小水滴 ……………………… 童钧则/101
让我"肚子胀"的跆拳道 ………… 王卓为/109
在时光里，我读懂了它 …………… 王紫瑄/117
三闻胡笳声 ………………………… 魏义铭/125
我的演讲之路 ……………………… 吴若溪/132

第四章　未来在即 …………………………… 139

那一刻，我长大了 ………………… 辛一朵/141
志之所趋，无远弗届 ……………… 杨源哲/150
沙漠骑士：童子军的冒险之旅 …… 尹畅/160
细说那风景 ………………………… 张莫凡/170
登山见海 …………………………… 张雅菡/178

第一章

成长印记

洪泽川宇

出生年月:2011年10月

获得荣誉:

- ◆ 被青年诗人杂志社评为2022—2023年度"十佳校园诗人"
- ◆ 设计的智能生发仪、儿童自动洗头机分别荣获包河区青少年科技创新大赛一等奖
- ◆ 设计的作品"津津"被选为逍遥津小学校吉祥物

这个春节，我过了一个故事年

我出生在上海，在合肥生活和读书，最让我想念的却是我的老家——洪庙，那是爸爸生活了18个年头的地方。放寒假前，我已迫不及待地盼着和爸爸妈妈一起回老家过春节。比起过节，我更想听村里的长辈讲故事！

小时候，我就喜欢听爸爸讲故事。爸爸小时候在乡下，几乎找不到任何课外读物，没有图书，没有报纸，村里连电视、收音机都十分罕见，看电影也难得看一次，获知外面世界的渠道很少。爸爸说，他小时候特别期待放学，放学回到村里，就能听张大爷在炕头讲故事了。原来，爸爸讲给我的故事，也来自他儿时的记忆。

爸爸告诉我，听故事是他儿时跳出村子看世界的特别通道，让我这次回老家好好感受一下村里的故事。

讲故事的人，多是村里上了一定岁数的人。中年人，一则似乎对打牌、吃酒更感兴趣，二则也没那么多故事可讲。

故事的内容，一类是小说里的故事，如《三国演义》里的三顾茅庐、空城计，《水浒传》里的智取生辰纲、武松打虎，听了这些故事后，我对古典名著有了更大的兴趣；另一类是神话传奇，如姜太公钓鱼；还有就是老家的风土人情和民间传说，充满着浓浓的乡土气息，好不有趣。

讲故事的老人有好几位，每一位都有自己擅长的故事。**老人脸上的沟壑纵横交错，似乎记录着他们所讲的故事。**

听爸爸说，老家隔壁的海秋爷爷是十里八乡出了名的故事高手，他记忆超群，口才一流，同时还是唱夜歌（乡下人去世后守灵的丧歌）的人。一个一个的故事，他能一下午一字不落地伴随着鼓声吟唱出来。第一次听他讲故事，我就大受震撼。这才是明星大腕儿，值得被尊敬。我在心里为他点了一万个赞。

不同于说书，得有书桌、醒木、扇子之类，村里人讲故事，往往因地制宜，一切从简。听者或三五人，或十来人，小孩子居多，当然爸爸是不会错过的（我想他或许是来复习故事吧），大家围坐一处。讲故事的老人，清一清嗓子，就用家乡话绘声绘色地讲了起来，不需要什么道具，也没有任何报酬，纯粹图个乐子。听者大多全神贯注，随着故事的情节，时而紧张，时而轻松，时而悲伤，时而开怀，时而伸伸脖子，时而发声应和。时间悄然逝去，讲故事的老人嘴唇早已干了。这时，忽见各家大人来喊孩子们回家吃晚饭了,而我却因为没有听尽兴,嘴里嘟囔着,不肯回家。

爸爸对我说,过去常年在田里劳作的乡亲们,精神生活极为匮乏,不像现在,**而故事正如一担担精神食粮,满足了他们的文化生活需求。**

爸爸说出于对世界的渴望,他小时候常缠着村里的"故事高手"们给他讲故事,故事里的英雄人物,指引着爸爸勤奋读书,他最终走出了洪庙这个小村子,成了村里的第一个大学生。后来我慢慢串联起了关于爸爸的故事。

这个春节回到老家过年,总有一种说不出的味道,原来故事可以那么有趣,故事带着我穿越时空,周游世界,感受不一样的精彩。

回家过年,遇见的人、听到的故事,是乡情,也是乡愁。 也难怪爸爸总是时刻牵挂着老家,故乡的沙河、老屋前的枣树、讲故事的老人,早已融入了爸爸那一辈人的人生,成了一种精神羁绊。

这个春节,我过了一个故事年。**故事的回响还在,那便是我对乡情的渴望!**

在爸爸心里，你就是诗意里的繁星，繁星点缀着我的一行行文字，繁星装扮着我们的小家。

是你,让我看见自己也曾是个小孩

川宇:

我亲爱的宝贝,作为从事家庭教育与创意读写的我,一直想借用书信的方式,好好和你进行一场父女对话,或是一起回顾我们亲情的点滴过往。

记忆里,印象最深的是每年的六一儿童节,你总会问爸爸:"为什么你们大人都不重视儿童节呢?难道你们曾经不是小孩吗?"每次我都没有认真地回答你的这个问题。今天,爸爸就借这封信,和你聊一聊吧。

先说一句:"川宇,儿童节快乐!"(以前的祝福,都略显单薄。)

看见你,就像看见满天繁星

工作繁忙的我,一回到家,你就跑过来,笑嘻嘻地竖起一个大拇指，大声喊："欢迎我们的太阳，回家！"我应和道："太阳遇见繁星，满满好心情。"这是属于我们的原创对话，**在爸爸心里，你就是诗意里的繁星，繁星点缀着我的一行行文字，繁星装扮着我们的小家**。

繁星，又不只是夜间的星。冰心老人受泰戈尔《飞鸟集》的影响，创作出《繁星》，而爸爸也惊喜地发现你一直在超越爸爸，给大家惊喜。爸爸上高中时才发表了第一篇文章，而你刚上小学三年级就做到了，爸爸上大学那会儿才被别人称作诗人，而你在小学四年级已被青年诗人杂志社评为"十佳校园诗人"。**川宇，你是爸爸生命中的繁星，你的美好和童心，被很多人看见**。

所有的大人都曾是小孩

每当爸爸忙完工作，你写完作业后，你总会跑到书房："爸爸，来，玩游戏。"

而我还没有说出"不"字来，你已经如闪电般夺走了我的手机。"好吧，不许耍赖。"

接下来，"布包剪子锤"这个我唯一熟悉的游戏，把我拉回到了年少时光。所有的大人都曾是小孩，在游戏里，我和你收获欢笑，而我仿佛回到童年，拾起了一串串童趣……

你和我其实都不在意输赢,我读懂了陪伴的意义,你找到了爱的港湾。感谢你,也想和你来一个书面约定,能否等爸爸到了七老八十,还找爸爸玩这个游戏?

想象力,是人类进步的源泉

还记得你第一次荣获包河区青少年科技创新大赛一等奖吗?那次,你设计的儿童自动洗头机拿到了区大赛一等奖。不懂技术的我,好奇地问你:"为何会有这个创意?"你轻描淡写地回答我:"想象力。"

想象力,每个人都有。你说出"想象力"三个字时,我瞬间想到这一年的儿童节,我因出差没有陪你过节,等我回到家,你说让我补偿你!怎个补偿法呢?我再三思索。最后,还是妈妈出来打圆场,让我陪你一起想参加包河区青少年科技创新大赛的作品创意。

我只好点头答应。最终,我们三人全票通过了你的方案——儿童自动洗头机。那两三个小时,你说过不下 10 次"科技在进步,我有想象力"!

后来,你多次获奖,爸爸在为你感到自豪的同时,也时不时说出你的那句"名言":"科技在进步,我有想象力!"

愿你永葆童心

还记得《小王子》吗？初到地球时，小王子在沙漠中最先遇到一条蛇，问："人在哪儿？沙漠里可真有些孤独啊！"

那条蛇回答："有人的地方，一样孤独。"

永葆童心的人，才有真正有趣的灵魂。

在这个纷繁变幻的世界里，爸爸愿你、愿我，永远存留那份童真和初心，过好每一个六一儿童节，永远记得第一眼看世界时的悸动。

希望，即使我们老了，也只是年纪大了的"小王子"，而不是"大人"！

最后，爸爸提前祝你儿童节快乐！

永远爱你的爸爸

2024 年 2 月 25 日

胡嘉钦

出生年月：2011年7月

获得荣誉：

- ◆ 北京市海淀区中小学生科技竞赛航空模型比赛低年级组二等奖
- ◆ 北京市海淀区中小学生科技竞赛纸结构模型称重比赛小学男子组三等奖
- ◆ 北京市海淀区中小学生科技竞赛车辆模型比赛小学组三等奖

我与单片机的不解之缘

我从小就是个科技迷,最喜欢跟爸爸去中关村看他修电脑。还记得第一次爸爸带我去修电脑的时候,当我看到维修叔叔拧开机箱的螺丝,整个主机的内部结构一览无余,我一下子被吸引住了。原来方盒子里面的结构是如此复杂,里面的电路板上有很多小芯片,大小和颜色也都不一样,就是这些小东西组成CPU,然后我们就能够通过屏幕和键盘发出各种指令,还可以连接很多外接设备,真的是太神奇了!叔叔一会儿敲击键盘,一会儿拨弄主机的按钮,**我看得如痴如醉,心里暗想,叔叔的工作太酷了,我要是能像他那样,那所有的小朋友都会用崇拜的目光看着我,那得多神气呀!**

我一上小学,就去打听学校是否有关于计算机的兴趣班,但科技组的老师告诉我,只有单片机的兴趣班,这是唯一电子类的兴趣班,我当时并不知道单片机是做什么的,老师给我展示了单片机的构造,我一看,嘿嘿,那不就是我心心念念的CPU

电路板吗！就这样，我成为我们学校单片机科技小组的一员，开启了正式学习单片机的旅程。

真正接触这门课程，我才发现困难重重，这让我很有挫败感。以前，我只是觉得单片机很有意思，但并没有深入了解它的原理，其实单片机的核心是一个个代码组成的运算程序，我们将单片机连接到专门的机器上，通过发送指令，可以操控机器像车一样来回走动，也可以操控机器像投掷车一样把东西投掷出去，但需要大量的编程。一开始，我因为指令编写错误，弄坏过好几个单片机，有几次我都想放弃了，但在老师和爸爸的不断鼓励下，我不断与老师探讨编码的逻辑关系，终于发现了自己的问题所在，并通过了相关考试，达到了初级单片机运算能力水平，还被学校推荐参加当年的海淀区中小学生科技节单片机大赛。

记得当时参赛的选手很多，我们两两一组，我的强项是编程，我的搭档的强项是联机。但一开始比赛，我们就遇到了突发状况，考官发给我们的面板是坏的，代码怎么也输入不进去，无奈去找考官却被告知需自行解决。当时我启动了强制重启程序，机器总是报乱码，急得我满头大汗。在这个紧要关头，我的搭档找来了一个备用程序 U 盘，插上以后单片机就自动重启了，输入功能也恢复正常，但马上就要超时了，我们只能去申请加时。接下来我利用最后的几分钟输入比赛指令程序，最终完成了比赛。由于超时，我们只得到第三名，因为我们在整个比赛过程中，能自己克服困难修好单片机，并顺利地完成整个比赛，考官与举办方协商后，破格将我们评为第二名。得到通知的那一刻，我和我的搭档激动得又蹦又跳，那真是有史以来我最开心的一次比赛！

通过学习单片机，我不仅收获了很多与科技相关的知识与乐趣，还学会了无论学习什么，都要持之以恒、不惧困难，更明白了团队协作的重要性，增强了临场发挥的能力和临危不惧的信心。

我爱科技节，更爱我的单片机！

你真的像天使，你的到来给爸爸妈妈带来了无限美好的回忆。

给儿子的一封信

亲爱的宝贝：

　　当你看到这封信的时候，你已经陪伴妈妈十几年的光阴。想一想，人生只有短短几十年，咱们母子能在一起的时光多宝贵呀！回想过去种种，一切仿佛还是昨天一样，满满的回忆涌上心头。你出生后我第一次抱着你悠高，逗得你咯咯笑，那稚嫩的笑脸，让我永生难忘；你第一次生病打完吊针回来，我轻轻地把你放在小床上，一边给你擦脸，一边给你唱童谣，你立刻笑着用小手握着我的手，那个画面让我永生难忘；你第一次练习翻身、抬头，奋力用你的小脖子支撑头冲着我乐，那笑声让我永生难忘……**你真的像天使，你的到来给爸爸妈妈带来了无限美好的回忆。**

　　转眼间，你已经长成了英俊少年，额头上开始冒痘痘，声音也从稚嫩的童声逐渐变成了浑厚的男中音；你已经可以自己去上学，自己做饭，完成一切能力范围之内的事，有时候还能帮妈妈买菜,送年迈的奶奶回家,帮爸爸搬东西,妈妈看在眼里,既开心,又有些许伤感。开心的是,你长大了,变得更加沉稳懂事,不像小时候那么任性了;伤感的是,妈妈也变老了,你可能越来越不需要妈妈的陪伴了,你不再缠着妈妈带你出去玩,给你读书,听你讲班里的趣事,你有了自己的朋友圈、自己的小秘密、自己的想法。这些都是成长的自然规律。

在此,妈妈有几点忠告,希望能对你今后的人生道路有所帮助。

第一个忠告:读万卷书,行万里路。读书的重要性不言而喻,希望你能够养成读书的习惯,通过读书获取更多的知识和养分,增加自身的文化素质与修养。行万里路,这也是妈妈非常希望你一直能够坚持下去的。每年我们都带你去不同的地方游览,值得骄傲的是,你也独立参加了不少游学活动,在不少国家和地区留下了你小小的身影。要知道,用心感受各地不同的文化和风土人情,对你今后的成长和人生阅历是一笔无形的财富。

第二个忠告:更自立、更坚强、更能站在对方的角度去思考问题、替他人着想。因为你的同龄人大多都是独生子女,自我意识比较强。妈妈知道你是一个善良的好孩子,肯助人为乐,但要记住,在照顾好别人的前提下你先要学会更好地保护自己,这样才能够有机会帮助更多的人。去学跆拳道吧！既能锻炼身体又能保护自己。

第三个忠告：忠于内心，忠于自己。 人生是一场旅行，我们都是旅人。在这个旅程中，我们需要学会忠于自己，做自己最好的朋友。要忠于自己的内心，知道自己的梦想和追求；要忠于自己的选择，相信自己，勇敢面对挑战，不要畏惧失败。其实失败也是一种收获，学会从失败中总结经验，成功将指日可待。亲爱的宝贝，无论你以后从事什么职业，想往哪个方向发展，妈妈都会是那个默默支持你、守护你的人，妈妈不会左右你的想法，不会怀疑你的判断，不会影响你的选择，只希望你遵从内心，像小鸟一样自由地展翅飞翔！

亲爱的宝贝，妈妈是爱你的，就像你爱妈妈一样，正值青春期的你可能会像小刺猬一样，内心极其柔软，但表面带刺，妈妈会尽量理解你，体谅你面对成长的困惑与压力，陪你顺利度过青春期。

我的宝贝，希望你茁壮成长，成为一个顶天立地、有担当的男子汉，成为自己期许的模样！

永远爱你的妈妈

2024 年 3 月 1 日

黄悦芙

出生年月：2012年8月

获得荣誉：

◆ 2023年参加港澳国际青少年艺术节，荣获舞蹈类少儿B组金奖
◆ 2021年参加第十一届"小荷风采"全国少儿舞蹈展演，荣获全国少儿舞蹈"小荷之星"荣誉称号
◆ 获社会艺术水平考级中国舞九级证书

"厚脸皮"是个技术活

对待厚脸皮的人,大家都敬而远之,不愿意做这样的人。

沈腾大家都认识吧?

在《鲁豫有约》中,鲁豫问沈腾:"对自己最自信的是什么?"

沈腾说:"最自信的是这张脸。"

鲁豫听了,又笑问:"你是认真的吗?"引起了观众的一片笑声。

沈腾并不是一个天生的厚脸皮,他说自己是一个挺羞涩的人,甚至以前演话剧的时候,有媒体来采访,他都往后躲。

2013年出演春晚小品《今天的幸福》,他把郝健的角色演绎得调皮好笑,并因此打响了知名度。

春晚火了之后,他和开心麻花的伙伴们一起拍了《夏洛特烦恼》,大家都觉得电影不错,但沈腾心里明白如果自己的脸皮还是像以前一样薄,看到镜头就往后躲,那么观众只会觉得没意思,连票都不想买,到最后影响电影的票房。那个时期,沈腾一连上了很多个节目,每次都尽力把搞笑包袱抖了,靠着密集式上节目,慢慢把自己脸皮磨厚了。

沈腾凭借不怕丢脸,活成大家的笑点,我都想为他颁发"厚脸皮"奖了。

可见从某种意义来说,厚脸皮也是获得机会和成功的一种方式。

我就是一个厚脸皮的人。

有一次,老师布置了作业,让我们小组用PPT进行演讲。我的同学因为太懒不想跟我一起去,我怎么劝说,她都不想去。我思来想去,终于找到了突破点——同学的妈妈。她的妈妈为人善良大方贤惠,一定会被我说服的。

说干就干。第二天一早我就来到同学家,说服她的妈妈:"PPT很重要,据说这对小升初有帮助,重点中学也看这个的。"最终,我赢了。她的妈妈彻底被我的口才征服了。

同学一脸不情愿,她的妈妈教育她说:"为什么不答应人家一起做PPT呢?"同学转头跟我说:"我真服了你,你脸皮可真厚。"

这个故事说明,可以适当地有厚脸皮。未来,我会继续努力提升我的"厚脸皮"技术,也带动身边更多的人学会运用这个技术。

如果下次再有人说我"厚脸皮",我会笑着说:"谢谢你的夸奖哦!"

你要记住,无论发生什么事情,我都会一直在你身边陪伴你,给你支持!

给悦芙的一封信

亲爱的小月亮（黄悦芙的小名）：

一转眼，你已经12岁了。

从前的那个小不点，已经变成出门前要梳洗打扮一番的小姑娘了，妈妈心里真是又不舍又有点开心啊！不舍的是那个成天黏着我的可爱的小不点已经慢慢离我远去；开心的是你长大了，逐渐明白事理，可以独自前行了。**现在，你像一个努力绽放的花骨朵儿，妈妈已经感受到了你的力量！**

12岁，是非常美好的年龄，也是充满挑战的年龄。**你正在逐渐长大，你的独立思想和观念正在慢慢形成**。这是一个很奇妙的过程，在我看来也是一个需要特别关注和呵护的时期。在这个时期，我相信你一定会碰到一些困难、一些挑战，妈妈希望做你的战友，和你一起面对，陪你一起努力，给你支持！但我们可能会因为一些意见的不同发生争吵，请你相信，这是非常正常的一件事情，并不会对我们之间的爱造成阻碍！**两个独立的**

个体之间一定会有观点不同的时候,沟通并找到双方的契合点,就能解决这个问题。

亲爱的女儿,在你8岁的时候,我们发现了你的一个特质,这个特质给我们家带来了许多挑战。我想说的是,我从不认为它是缺憾,相反,我觉得它是你的优势。

你特别富有创造力、想象力,常常能以独特的方式表达自己。

你充满活力,比我们更有热情,更愿意接受挑战。

你对新奇的事物充满好奇心并具有敏锐的观察力,有卓越的逻辑思考能力。

你还很幽默,这种能让别人笑的能力和天赋真是让我羡慕不已。

还有,我发现你做事无比专注!你没发现吗?当你想要完成某件事情,就会进入无比专注的状态!有几次你做英语试卷,还有几次做手工,那无比专注的状态,我都惊呆了!

拥有这些天赋的你极有可能成为艺术家、记者、媒体人、咨询师、企业顾问或者企业家。

你还记得《冰雪奇缘》那部电影吗?姐姐艾莎公主拥有冰雪魔法,却因为内心的恐惧无法控制冰雪魔法,失去了继承王位的资格,但她通过不断练习,最后能自如地施展魔法,终于成为阿伦戴尔女王！

　　妈妈认为，你的特质也是你的魔法，会带给你无限的潜能和可能性，你要做的就是先觉察，再学会控制好它，最后自如地施展它。

　　亲爱的宝贝女儿，有时候看着你，想着这么一个小小的可人儿要不断面临学会驾驭"魔法"的挑战和困难，妈妈既心疼，又欣慰。**妈妈一方面心疼你要承担比常人更多的心理压力，一方面又欣慰地看到你的内心因此更有力量。**

　　宝贝，你是一个勇敢、坚强、有极强的学习力，又非常有爱心的孩子，我相信你有能力成功驾驭"魔法"成为一个更强大、更自信的人。你要记住，无论发生什么事情，我都会一直在你身边陪伴你，给你支持！

　　最后，我想告诉你，你是我生命中最珍贵的礼物。妈妈永远爱你！请你相信自己，相信你未来一定能够成为一个出色的人。

爱你的妈妈
2024 年 2 月 23 日

黄筠茜

出生年月：2012年12月

获得荣誉：

- ◆ 参加2022学年第二学期广州市番禺区沙湾中心小学校园才艺大赛，荣获一等奖
- ◆ 2023年参加"上品教化 乐韵悠扬"番禺区第四届中小学生器乐演奏比赛，荣获小学民族器乐组二等奖
- ◆ 在2021—2022学年"世界机器人大会青少年电子信息智能创新大赛广东赛区活动"中荣获"无人机挑战赛"赛项障碍竞技赛组三等奖

80%的成功概率

大家喜欢拖拉吗？我曾经是一个非常爱拖拉的人。

一年级时，我常常边吃零食边做作业，通常用 1 个小时就能完成的作业要用 2 个小时才能做完。刷牙时爱发呆，一刷就是半个小时。妈妈每次看到我慢吞吞的，就像一只生气的母老虎，脸上带着愤怒的表情，叉着腰对我说："快一点儿写作业，不写完作业不许玩！"

有一个周日，我跟同学约好了去她家玩火漆印章，玩到晚上 8 点。可是我周日还要写作文，正常要写 1 个小时，等我写完就是晚上 9 点了。洗漱完，那肯定就得 10 点了，还怎么睡觉？想到这儿，我就非常不开心。

我心想，我在家写作业，写完作业还可以看电视，这不比去同学家强吗？最终我选择在家写作业，于是就让妈妈帮我打电话给同学的妈妈，我对她说："这次就不去了，下次我写完了作业再去。"

最终，我不仅完成了作业，看了很久的电视，还有时间出去玩。

通过这次经历，我想到：**要先做重要的事情，再做次要的事情，不能拖拉。否则的话，既做不了重要的事情，又做不了想做的事情。**

一年级之后，我虽然克服了拖拉的毛病，却迎来了小学阶段的第一次失败。

大家竞选过大队干部吗？四年级时，我想竞选大队干部，因为大队干部可以体验少先队活动，还可以锻炼能力。竞争非常激烈，20个人报名，只选10个人。

我当时提前写了1000字的竞选稿，还准备表演才艺，练习了整整一个学期。我胸有成竹，觉得大队干部一定非我莫属。

终于到了竞选的这天，抽签之后，我第五个上场。我身体直发抖，手心冒冷汗。主持人念道："请5号同学上台。"我深吸了几口气，挺直了腰板，走到舞台中央。我实在太紧张了，第三句话就讲错了。我心想："要赶紧调整过来，不然就会被评委老师扣分了。"最终，我还是顺利地完成了演讲，悬着的心也终于放了下来。

竞选结束后，我以为我能选上。老师公布了名次，没想到我是第12名，还差两名就能竞选上大队干部。我落选了！都怪我！这么重要的时候，竟然掉链子。

放学的时候，我非常沮丧，妹妹跟我说："要不你去竞选舞蹈队队长吧，你不是很喜欢舞蹈吗？"我接受了妹妹的建议。

虽然上一次竞选大队干部我没选上，但是这次竞选舞蹈队队长，我没有带着上次失败的心理包袱，我告诉自己："没事的，这次选不上就下次继续努力。"于是我认真地练习独舞，凭着稳定的发挥，最终成功当选学校舞蹈队队长。

这次成功竞选，让我明白了一个道理：**失败是成功之母。失败只是一个成长的过程，只要积极调整心态，持续努力，就一定能成功。**

同学们，我们都要保持良好的心态，只要坚持，就能有80%的概率获得成功。

妈妈希望陪伴你和妹妹一起创造更多的体验，支持你们认识自己，成为更好的自己。

给筠茜11岁生日的一封信

筠茜：

你好，愿你展信喜悦！

恭喜你踏入了11岁，妈妈非常荣幸一直伴随你学习与成长。这11年以来，妈妈用6687篇小日记记录我们一起经历的点点滴滴，见证你从可爱的小乖乖到如今成为一位亭亭玉立的女孩。

过程里有很多喜悦、感动与不期而遇的惊喜。妈妈还记得你呱呱坠地时响亮的哭声，我初为人母时激动的眼泪；记得小小的你第一次因为肺炎住院，妈妈陪伴着你时的心痛；记得你在亲戚家吃饭不知不觉额头撞到玻璃桌面，留下了创口，妈妈在急诊室紧紧抱着你痛哭，恨不得受伤的是自己；记得你每一次站在舞台上表演、获奖闪闪发光的样子！**你成了妈妈生命里最重要、最幸福的牵绊。**

在学习上，你一直保持着强烈的好奇心，每天都会自觉完成作业；每次考试都为自己制定目标并全力以赴。你学习努力，每学年都获得学校"和美学生"称号、村委奖学金，你成了妹妹心里和口中的榜样。

每次你到一个新的机构去学习，总能快速地融入新的环境并给我很多积极正面的反馈。你3岁半开始学习中国舞，妈妈至今还记得第一次带你去商场试穿舞蹈服时你对着镜子那羞涩的模样，如今你已经考过了中国舞八级；可以独立一个人站在舞台上自信且充满笑容地表演；在学校舞蹈队担当起师父的角色，带领小组训练及代表学校参加比赛。这一切的进步都离不开多位舞蹈老师对你的用心栽培，离不开你每天、每周坚持上课、训练。**妈妈相信你最能感受自己在课堂里洒过多少汗水与泪水**。因为你的影响和引导，妹妹也选择了跳舞，并克服了困难，喜欢上跳舞。

在生活上，你懂得尊敬关心长辈和家人，你懂得礼让和照顾妹妹及身边的朋友。每次带你出席活动或参加长辈们的聚餐，你都乐意与大家分享你所拥有的好吃好玩的东西，忙着给大家夹菜、倒茶。**你一直是大家心目中的活泼开朗又贴心的宝贝**。

明年的这个时候，你将成为一名初中生。你将拥有更多自我创造的机会，以及美好的生活与学习体验。无论何时，妈妈和所有的家人都会为你祝福并做你身后最强大的后盾。现阶段，妈妈更需要努力成为你和妹妹的榜样，为社会创造更大的价值，同时为你和妹妹创造更多的选择机会和更好的条件。妈妈希望能与你们共同努力，一起进步！

最后，妈妈想对你说，认识世界和自己有很多种方式，如读万卷书，行万里路。**妈妈希望陪伴你和妹妹一起创造更多的体验，支持你们认识自己，成为更好的自己。**

筠茜，祝你 11 岁生日快乐！**你永远是家人的骄傲，我们爱你**！

妈妈
2024 年 2 月 25 日

李晨源

出生年月：2015年1月

获得荣誉：

◆2024年被选为大湾区合唱团成员
◆2023年获得第七届"央音"青少年艺术展演银奖

这个五一，我和爸爸一起打羽毛球

一个风和日丽的下午，我正看着窗外发呆，爸爸看我很闲，提议道："走，我们去打羽毛球吧！"

我一听，顿时来了精神，大声说"好"。

爸爸胸有成竹地说："我们去比一比，看谁的球技更好，约你的朋友一起，到时候你们二打一，两个打我一个！"于是，我坐着爸爸的"小电驴"，穿过车水马龙的大街小巷，来到了空旷的羽毛球馆。

"五一人真少。"爸爸说。

"大家休息，我们'劳动'。"我说。

"好吧，我们开始'劳动'吧。"爸爸说。

我们一起做了热身运动。扩胸、压腿、揉手腕……把体育老师教的动作都复习了一遍。我还没做完热身运动，爸爸就和我的朋友开始"打"了起来。

我意识到自己需要加快速度，快点上场打球。于是，我系紧鞋带,带着向妹妹借的新羽毛球拍,走上球场。架好拍,时刻提醒自己集中注意力。

爸爸给我发了一个好球。球来了,我一个大力扣杀拿下了这球,赢得一分。

之后,我们还打出了很多精彩的球,有爸爸后场的神龙摆尾,有同学爸爸后场的压线高远球,还有我的精准扣杀,球掉到网上,来了一个帅气的滚网。

我们打了一场又一场,后面还打出了许多漂亮的球。

五一劳动节和爸爸一起"劳动",出了很多汗,喝了很多水,度过这美好的一天,我的球技也得到了很大的提升。

希望你成为强者，
不内耗，不忧伤，
每一天都开开心心
的。

爸爸想和你做有血缘关系的朋友

孩子：

4月的一天，你妈妈发来一张你坐在地上的照片，然后很严肃地说："你儿子打羽毛球，打不过人家，坐在地上，很生气，你要重视这件事情。"

"收到。"我回答说。

"打赢就开心，技不如人就生气，生别人的气是输不起，生自己的气是内耗，9岁就这毛病，以后咋办！"我心想。

我没有经过专业的亲子教育学习，只好请教一些伙伴，孩子这种情况应该怎么办。一些伙伴告诉我，要先理解孩子，理解孩子的情绪，接纳孩子的情绪，与他共情，先让他平静下来，再慢慢处理。

还有一位热心的老朋友发来沟通话术，特别让我感动。

孩子，我听说你羽毛球比赛比分比高年级的同学低，输了这场比赛，爸爸知道你一定感到很挫败，心里也很难受，爸爸知道你特别希望赢得这场比赛。

我看到妈妈发来的你比赛后躺在地上的照片,心里也很难受,我很心疼你,我小时候,也在特别想赢的比赛上输过。

爸爸想让你知道,比赛只是你成长过程中的小事情,赢了,爸爸为你骄傲;输了,你会找到提升的方向,也会收获动力。

你想变得更厉害,爸爸可以和你一起努力,也可以陪你打球。如果你需要的话,爸爸可以给你请教练,爸爸会一直支持你,为你加油。

听完这些叔叔阿姨的建议之后,我为你做了几件事。

第一、为你购买了一双专业的羽毛球鞋,价值200多元人民币,隔天到货。

第二、第二天中午让你穿上小白鞋,和你一起练习了20分钟羽毛球。

第三、因为一些对手经常给你放小球,所以我给你分享了一些网前放小球的技巧,陪你刻意练习了10个球,手感不错。

第四、晚上陪你去球场看高手打球,让你看到自己与他们之间的差距,让你意识到,眼前的对手都不是真的对手,随着能力提升,你以后可以变成更厉害的高手。

第五、骑着"小电驴",带你去羽毛球俱乐部,向教练请教,帮助你提升打羽毛球的水平。

这些都是具体的小事，爸爸希望和你做朋友，希望和你做有血缘关系的无话不谈的朋友，和你一起发展兴趣爱好，一起打球，一起吃麻辣烫。

希望你成为强者，不内耗，不忧伤，每一天都开开心心的。

我想用实际行动告诉你，将来，你要想获得更大的成功，一定会遇到两个挑战。

第一，发现自己的能力不足，很多事情自己暂时处理不了；发现身边的人很厉害，发现别人比自己优秀。

第二，发现自己时不时会自卑，会陷入内耗，无法快速从负面情绪中恢复过来。

在这里，爸爸想告诉你，这些都是正常的，我愿意陪着你，一起面对挑战。从现在到将来的很长一段时间，你都需要注意两点。

第一，遇到任何事情，都要问自己："我现在做什么，可以让事情朝更好的方向发展。"

第二，觉察当下的情绪和感受，接纳自己，学会和情绪相处，把情绪装进背包，带着它一起上路。

接下来，你还会面临更多挑战，比如叛逆的青春期，繁重的学业，让你哭、让你笑的女朋友，甚至将来你会被我狠狠批评，等等。

我只希望你记住一点,爸爸想和你做朋友,做有血缘关系的朋友,和你站在一起,一起成长。

爱你的爸爸

2024年5月14日凌晨2点57分于深圳家中

李家域

出生年月：2006年10月

要想学习好，必须重视自信心、行动力、身体健康

我叫李家域，是一名国际在读英制 12 年级的学生，还有一年的时间就将毕业去国外求学。我同时也是家里的老大，有一个比我小 6 岁的弟弟。我的兴趣爱好不少，比如围棋、声乐、篮球、足球等等，但坚持到现在还热爱的只剩下高尔夫以及健身两个小爱好。原因也很简单，一是因为热爱，对运动足够喜欢，二是因为在上初一、初二的时候身体较弱，需要通过大量运动增加身体免疫力。

我并非从小就接受国际教育，小学一到三年级，我就读于广州的一所公立小学，小学四年级时，父母安排我转学去了香港的一所天主教小学。薄弱的英语基础以及从简体字到繁体字的转换给刚到香港上学的我造成了不少的困扰。我每天课后复习的时间比大部分同龄学生多，每天都要花很多时间学习英语和繁体字。我不仅需要追赶本土学生，还要在短时间内适应新的课程体系。**香港的课程体系相对于内地更加多元化，给**

我的小学生活增添了不一样的色彩。

2018年,为了长远考虑,我回到内地的一所国际学校上学,我要融入新的环境,接受新的理念,与新的同学磨合。那个时候我拒绝住宿,和我的父亲以及保姆阿姨住在一起,我的母亲和弟弟继续留在香港。之后,我又转到了另一所国际学校就读。因为青春期的缘故,以及新学校的压抑氛围对我的性格造成了很大影响,我不得不再次转学来到我现在就读的国际高中。

在这短短五六年里,我在不同的城市上学,接触了不同课程体系的教学方式,认识了很多新朋友。这些经历对我而言,有好也有坏,陌生的环境让我产生了一定的孤僻感、缺乏自信。不断变化的课程体系、学习的内容逼迫我不断地追逐别人的脚步,我的学习压力不断增加。

这些经历对我也有很大的好处,**在处理人际关系方面,我变得更加成熟,追逐成功的动力也愈发强烈,做任何事情也更有耐心。**我是怎么做的呢?我跳出糟糕的环境以及无法忍受的人际关系圈,积极地展现自己在某一领域的价值,找到与我志同道合的朋友,在令我感觉舒服的圈子里,我的自信心慢慢地恢复了。对于不断更换的课程体系所带来的压力,我查漏补缺、做好规划,慢慢克服了学习上的困难。

因为不断地熬夜复习,我的身体健康水平急剧下滑,曾一度影响我的学习进度。初三时,我患上了肠易激综合征,剧烈的情绪反应以及压力促使我腹泻,无法集中注意力复习,曾一度让我情绪非常低落。为此,我制定了详细的运动计划并严格执行,一段时间后,我的身体免疫力增强了。身体变好了,我的学习压力也没有那么大了。现在我在学校里有很多朋友,我们一起互相鼓励、共同进步。

我希望我的文章能帮到很多跟我有相似经历的人,**自信心以及行动力是提升学习成绩的两个非常重要的因素,好的身体也非常重要**。

你慢慢告别少年时代的稚嫩，逐步走向更成熟、更独立的人生阶段，你需要思考你想创造一个怎么样的人生。

第一章 成长印记

给家域的一封信

亲爱的儿子：

在你 18 岁生日来临的时刻，身为你的父母，我们既开心又忐忑。开心的是看到你从蹒跚学步的小宝宝慢慢成长为一个真正的男子汉，忐忑的是你将来到人生的重要转折点，未来将面对很多挑战，更多时候你需要独自面对挑战，我们不知道你是否已经做好了准备。

回想过去的 18 年，我们仿佛观看了一场电影，你成长中的一切都历历在目。你的到来和你的童年给爸爸妈妈带来了很多欢声笑语，很多幸福的回忆。其间由于需要，你跟着我们多次辗转，但每次你都能给予我们支持，很快适应新的环境。我们一直都以你为荣，相信这些锻炼都能帮助你在未来应对一切人生变化。

你慢慢告别少年时代的稚嫩，逐步走向更成熟、更独立的人生阶段，你需要思考你想创造一个怎么样的人生。如果说人生是一盘游戏,那么在进入游戏前你要先学会搞懂游戏规则。你想在游戏里面充当什么角色?你需要什么装备?你需要哪些技能和能力?这些都需要你不断去思考。你将迈向人生的一个新起点,我们除了祝福,也希望和你说说我们对你的一些期许。

首先,我们希望你坚持健康的生活方式。健康的身体是你走好人生道路非常重要的基础和前提,你要保持良好的作息习惯、合理的饮食习惯及坚持适当的运动锻炼,让自己的身体保持健康强壮的状态。同时,你也要关注自己的心理健康,要和身边的朋友、老师及爸爸妈妈多沟通,让自己保持愉快的心情,良好的心理状态能对学习成长起到积极的作用。

其次,保持好奇心,不断学习,让自己持续成长。知识可以丰富你的思想,开阔你的思维及视野,提升你解决问题的能力,帮助你更好地理解这个世界,所以希望你多读书、多学习。同时,你要学会选择,选择读有价值、有意义的书,学会选择向更优秀的人学习。

再次,保持积极的心态。人生未来不会一帆风顺,而是充满了起伏和波折,当遇到困难和挫折时,希望你积极、勇敢面对。不气馁,不放弃,你才可以打赢属于你的人生游戏。

**最后,我们希望你能学会感恩,感谢你身边每一个帮助、关

心你的人、感谢你的老师。他们都是你人生道路上的贵人,都在帮助你成就更成功、更美好的人生。我们也希望你可以主动帮助、关心你身边的人,因为在此过程中,你的个人能力会得到提升,也能获得良好的人际关系。

在你今后的人生道路上,我们一直都是你的坚强后盾,不论你遇到任何困难或挫折,我们都会永远支持你、信任你。**愿你在未来成为一个有成就、有担当的人**。

一直都爱你的爸爸妈妈
2024 年 3 月 2 日

第二章

初心不变

李希仁

出生年月：2013年9月

获得荣誉：

- ◆ 2021年获得珠江·恺撒堡国际青少年钢琴大赛（广州赛区）一等奖
- ◆ 2022年获得第10届施坦威全国青少年钢琴比赛规定曲目组广州决赛一等奖
- ◆ 2023年参加星海音乐学院青少年艺术展演钢琴项目

红色的传承

我的外公是一名光荣的中国共产党员,已经有53年党龄,2023年还获得了国家颁发的"光荣在党50周年"纪念章。

我从小就喜欢依偎在外公身边,听他讲述革命故事,外公的爱国情怀总是让我敬佩不已。

外公出生的时候,新中国刚成立,他从小就开始接受爱国主义教育,知道没有共产党就没有新中国。他深爱着我们伟大的祖国,深爱着中国共产党。为了报效祖国,他16岁就自愿参军,成为一名铁道兵战士,投身祖国的铁路建设。"逢山凿路,遇水搭桥,沐雨栉风,排除万难"是这支部队的真实写照。外公在一次执行隧道挖掘任务时,遇上了山体塌方,负责把土石运出洞外的外公刚好躲过一劫,但身为班长的他把个人安危置之度外,义无反顾地冲回随时有二次塌方风险的山洞,徒手挖掘救出了几名被困的战友。

当改革开放的春风吹遍大江南北时,外公光荣退伍了。复员后，外公选择在外贸局工作，他自学外语不断精进外语水平，因此有了很多跟外国人打交道的机会。在新的工作岗位上，外公的爱国热情丝毫没有减退，他决心无论在哪个岗位上，都勤恳工作，报效祖国。

有一次，外公出差去法国参加展会。展会结束后，各国代表都在忙着收拾东西，中国代表团也不例外。在大家离去后，有一个人还留在会场做最后检查，以防有遗漏，那个人就是我的外公。他发现展位上还赫然悬挂着一面鲜艳的五星红旗。外公赶紧把它取下，小心翼翼地叠整齐，放入自己的行李箱。外公深情地说："如果我不把它带走，外国的工作人员就会把它随意丢弃。国旗代表着我们的祖国，是决不容践踏的！我必须把它带回中国。"**外公一直珍藏着那面国旗，那面国旗也成了我们家的传家宝。**

我小时候，外公经常一边抚摸着那面国旗，一边给我和妹妹讲述关于中国以及共产党的故事。就这样，爱国的种子在我年幼的时候悄悄播下，在少年时期生根发芽，慢慢长大。**我也像外公那样，深爱着我的祖国，希望长大后能好好报效祖国。**

在我 10 岁的生日那天，外公把那面红旗交给我保管，我觉得责任重大。**我将成为共产主义事业的接班人，听党话、跟党走，将这份红色的爱国热情继续传承下去，发扬光大！**

最让妈妈感动的是你对妈妈的好。妈妈经常对别人自豪地说:"生子当如李希仁。"

给希希的一封信

希希宝贝：

如果妈妈心中有过理想的儿子的设想，那一定就是你的样子。你高大帅气，风趣幽默又充满创意，是一个很受朋友们欢迎的男孩子，身边总是簇拥着一群好朋友，只要有你在的地方总是充满欢声笑语；你尊敬师长，树立了正确的三观，勤奋好学、善于思考，深受老师和同学的信赖，是班上的班长、学校的大队委；你继承了爸爸的温柔与善良，对人耐心友善，连同学的弟弟都特别喜欢你这个哥哥，出去郊游时都是由你负责带着同学的小弟弟玩；你多才多艺，作曲的才华让爸爸妈妈折服，对音乐的热爱更是让妈妈欣喜；你阳光开朗，对球类运动颇具天赋，是篮球场上耀眼的小明星，本来你只是妹妹的网球陪练，却一不小心也成了网球冠军。总之你的一切都让妈妈心生欢喜。

最让妈妈感动的是你对妈妈的好。妈妈经常对别人自豪地说："生子当如李希仁。"作为儿子，你真的是无可挑剔的，如果100分是满分,妈妈一定要给你101分。有好吃的东西,你一定要留给妈妈一份;人多的时候如果你突然松开我的手,我知道你一定是给我找座位去了;无论你有多么想去玩,只要妈妈说一句"我累了",你马上就会说"妈妈累了,那我们就不去了",还会反过来帮我安抚闹情绪的妹妹。在你的心目中,一切都以妈妈的感受为先。有时候我觉得,我更像是被你照顾、宠爱着。比起你的优秀,妈妈明明没有那么称职:爱吹毛求疵,情绪不稳定,做的饭菜也不可口,但你总是全然包容我,给我无条件的爱!"妈妈要管我们的学习,已经很忙了,还要给我们做饭,太辛苦了。我觉得挺好吃的。妈妈,你这道菜做得太好吃了!""是我自己没做好,所以妈妈才生气的,我下次会改正的。"你的一句句话语总是让我无地自容。**在我面前,你总是乖巧懂事、情绪稳定,写着写着,我感觉自己更像一个孩子。真是惭愧!**

你对妈妈太好了,以至于妹妹都会"吃醋",经常在我面前抱怨你对妈妈用一套标准,对她用另一套标准,似乎妈妈说什么都是对的。就连每次打乒乓球,你都让着妈妈,轻轻地打到方便妈妈接的落点,对妹妹则是下"狠手",每一球都"杀"在她的空位;怕妈妈腰痛,为了不让妈妈弯腰,从来不要妈妈捡球,简直把妈妈宠上天了。但我感觉妹妹应该是很欣赏你的,因为她不止一次对我说:"哥哥在学校的男孩子中算是很乖的。""我希望长大能生一个像哥哥那样对妈妈好的儿子。"**是啊,妈妈也觉得希希是世界上对妈妈最好的孩子**。你是一个 90 分的哥哥,有 10 分没拿到是因为你从来不把你对妹妹的爱表达出来。就拿打乒乓球来说,我把妹妹的想法告诉你,你才告诉我那是因为你觉得妹妹打得比我厉害,所以要认真对待。确实,是你这个哥哥手把手教会妹妹打羽毛球、乒乓球的。

你跟妹妹从小到现在都喜欢和我玩"挑宝宝"的游戏,你和妹妹坐在一排毛绒娃娃中间,让我假装到天使家去挑选宝宝。每次我挑中你和妹妹,你俩都会开心地扑到我怀里:"太好了,我可以做张晔妈妈的孩子!"

亲爱的希希,是我要谢谢你和妹妹选了我做你们的妈妈!

爱你的妈妈
2024 年 3 月 12 日

李彦辰

出生年月:2008年6月

获得荣誉:

- ◆2015年荣获第十一届楚天英语大赛小学A组英语歌曲个人金奖
- ◆2019年荣获"文心杯"全国小学师生作文大赛学生组三等奖
- ◆2020年荣获第22届WMO世界奥林匹克数学竞赛武汉赛区六年级三等奖

知史可以见兴替

读史使人明智，知古方能鉴今。山河万古，人类发展的进程，远比我们想象中的更漫长、更曲折。**历史作为一门悠久的学问，承担着总结前人经验、传播前人智慧的重任**。

或许对于大多数人来说，历史算不得一个爱好，它那纷繁杂乱的年份使人困惑，那相互关联的史实显得枯燥。历史往往以其故事性赢得人们的注意，人们儿时所读的寓言故事往往就以历史为原型，许多艺术作品，也都在历史原型的基础上加以改编。

历史当然不止这些故事，但我们可借助历史故事，一窥过往的时光，从一波三折的故事中，了解历史人物波澜壮阔的一生。倘若你喜欢故事，你或许该读读历史。

我的历史启蒙由寓言故事完成，而我对于历史的爱好当然不仅仅是读这些故事。历史不是一本短篇小说集，而是一本风格鲜明、叙事明晰且在不断续写的长篇小说。在这本足够丰富的作品中，你可以在每个故事之间找到似有似无的联系，这也是学习历史的乐趣。我们从历史中可以看到人类从原始蒙昧走向理性思考，看到一片片荒蛮的原野上万丈高楼拔地而起。历史，或者说历史中的人类，如同小说的主角，经历一次次战争与挫折，也经历进步与发展。历史以宏大叙事使人折服。

历史的魅力不仅在于它的故事性，更在于它无可挑剔的包容性。你可以在前人留下的叙述、议论与描写中窥见前人的行为模式、精神世界与审美观念。古埃及金字塔那来自40个世纪前的高超建筑技巧自然能触动你我的心灵，1453年狄奥多西城墙上的点点火光亦令人叹惋；你可在脑海中畅想嬴政与奥古斯都这东西两位皇帝的巨大功绩……。凭借历史，静坐家中的你也可不费吹灰之力畅游任何时间的任何地点，感受或许早已消逝的文明火光。于我而言，这才是历史最美好的一面。

历史绝不是只可远观的花瓶，它蕴含着丰富的智慧与哲理，这才是最为珍贵的。即使黑格尔曾说，历史给人的唯一教训，就是人们从未在历史中吸取过任何教训，可就算只从那些名垂千古的历史人物身上汲取一点点经验，用以应对生活中的琐事，对于你我而言也是弥足珍贵的。

通晓古今，学贯中外，却不肯从历史中接受一点教训，才真正令人悲哀，正如杜牧在《阿房宫赋》中所说："后人哀之而不鉴之,亦使后人而复哀后人也。"

以史为鉴,可以见兴替。**历史从不是一门枯燥晦涩的学问,而是一种艺术,一种智慧。你我应接纳历史的馈赠,以史为鉴。**

愿你的人生之路，既有风雨的洗礼，也有彩虹的陪伴，愿你走的每一步都坚实有力，愿你生命的每一刻都光彩夺目。

给辰辰的一封信

亲爱的辰辰：

在这个特别的时刻，我提起笔，心中充满了无限的温情与感慨。在你18岁生日的这个转折点上，我感受到时间飞逝，也看到了你成长的每一个瞬间，那些闪耀的瞬间在我心头熠熠生辉；你从咿呀学语到如今成为一位才华横溢的青年，你的每一个成长足迹都深藏于我心。

你3岁时，已经识得1000多个汉字，书籍成了你最好的玩伴；你6岁时，就可以轻松翻阅600页的儿童文学作品，眼神中闪烁着对未知世界的好奇与渴望。你的知识面之广，让许多成人都自愧不如，那些你发表的文章，每一篇都像是你心灵的一扇窗，足以让我窥见你丰富的内心世界。"中华小作家"的荣誉称号，不仅仅是对你写作才能的认可，更是对你坚持不懈追求梦想的肯定。

从初中住校的那一刻起，你的独立便开始展露无遗，你自己收拾行囊,独自往返于家与学校的路上,你的背影总是那么坚定而自信。**这份独立,不仅仅是你对生活技能的掌握,更反映了你的自立与自强,妈妈由衷地为你骄傲。**

你对知识的渴求和对历史的热爱让我十分欣慰,你喜欢探索世界的每一个角落,这种求知欲是你成长道路上最宝贵的财富,你的言辞间透露着超越年龄的智慧与从容。高中一入学,你便凭借你的魅力与能力高票当选班长,那份领导力和同学们对你的信任,证明了你的人格魅力和责任心。即使后来你调到文科班,同学们依然希望你能回去继续担任班长,这份信任和期望是对你最好的认可。

辰辰,你懂事、温和,总是在不经意间温暖着周围的人。你为他人着想的心,如同春日的暖阳,无声却温暖。你孝顺长辈,待人有礼貌,体谅父母的辛苦从不乱花钱,这些优良品质都让我和你爸爸觉得我俩的努力和付出都是值得的。你在生活和学习中的每一个细节都体现出你的成熟和认真。

辰辰,你是令我骄傲的儿子。你的成长不仅带给我无尽的欣慰,更让我深深感受到了母爱的奇妙。在你18岁生日这个特殊的日子里,我想对你说:愿你永远怀揣着对知识的热爱,永远保持对生活的热情。无论将来的道路如何曲折,你一定要相信自己,勇敢地前行。家人永远是你最坚强的后盾,我们会一直陪伴在你身边,为你加油鼓劲,为你祝福。

亲爱的辰辰,愿你带着18岁的朝气,继续追寻知识的光芒,用笔墨记录下每一个精彩的瞬间,用行动证明你的价值、追逐你的梦想。**愿你的人生之路,既有风雨的洗礼,也有彩虹的陪伴,愿你走的每一步都坚实有力,愿你生命的每一刻都光彩夺目。**

生日快乐,我的孩子。愿未来的每一天,我都能听见你爽朗的笑声,看见你脸上洋溢着幸福与满足的笑容。

永远爱你的妈妈

2024 年 2 月 23 日

李一格

出生年月：2013年10月

学骑平衡车

今天,我和爸爸妈妈来到了罗山公园。公园里弥漫着春日气息,春风拂面,清爽温暖,路边的草地上,开出了嫩黄的小花。我将在这里开始一段对我来说不同寻常的旅程。

事情要从公园的木栈桥说起。

正当我一蹦一跳地走在木栈桥上的时候,一个小男孩脚踩一辆白色电动智能平衡车,"嗖"的一声从我身边掠过。我停下来,看着小朋友的脚下像装了风火轮一样,心想:"这可真是好玩又省力气,好羡慕呀。"

妈妈看了我一眼,立马猜到了我的心思,问我要不要也学一下智能平衡车。

我很感谢妈妈这么理解我,于是立马点点头,高兴地嚷道:"我想学!我想学!"没过几天,我就收到了一辆迷彩色的电动智能平衡车。

拆开包装盒,我赶紧把平衡车拎了出来,哇,好重。我迫不及待地站上去试了一下,没想到看花容易绣花难,看起来很简单的动作,真的做起来可没那么简单。站上去之后,车子顿时移动起来,我的身体一下子失去平衡,一屁股摔到了地上。真疼!

看样子要想不好好练习就能掌握好平衡,还真有点难。

坐在地上缓了一会,我赶紧爬了起来,决定重新尝试。

这一次,在妈妈的辅助下,我顺利地保持住了平衡,心里既紧张又兴奋,不由自主地得意起来,说不定一会儿我就可以像那个小男孩一样,骑着平衡车在公园里飞驰,快得都能听到耳边的风声呢。

正当我得意的时候,妈妈松开手。我一紧张,结果再一次失去了平衡,又是一屁股摔在了地上。这次,屁股像被人狠狠地打了几下一样,锥心地痛。

我感到挫败极了,连路边的小树苗都在一晃一晃地看着我,好像在告诉我快放弃吧。

我站在平衡车前发呆,思考怎么办。妈妈走过来,拍拍我的肩膀跟我说:**"儿子,不管学什么,一次不成很正常。一次不成,就再来一次。你愿意再尝试一次吗?"**

我说:"我愿意。"

于是,在妈妈的鼓励下,我又一次站在了平衡车上。这一次,我总算找到了感觉。知道双脚应该怎么配合才能保持左右平衡,我又练了怎么控制车子前进、后移、左拐、右拐。

就这样,我耐心练了一次又一次,摔了一个跟头又一个跟头。终于,在一次次不断的练习下,我开始熟练起来,而且骑得越来越快。我高兴地看着路边的小树苗,它们的枝叶摇摇摆摆,好像在说:**"小朋友,只要坚持,就没有做不成的事!"** 我的内心充满了快乐。

妈妈微笑地看着我,阳光照着她的脸庞,她也为我感到高兴。

这次的经历让我收获了很多。**我深刻地理解到,不管做什么事,只要耐心坚持,多难的事儿都可以办成。** 正像古人说的那样:"天下无难事,只怕有心人。"同时,我也理解了什么叫熟能生巧。我现在已经可以轻松自由地玩转我的平衡车啦,我能把它骑得比自行车还快。

这次经历在学习上也给了我很大鼓舞。这次的经历让我懂得了:**凡事与其抱怨,不如坚韧地前行。** 以前在学习上遇到困难,我老想逃避。现在,我再也不会退缩了。当再次回答问题错误,我就耐心寻找方法,认真进行梳理,直到全部弄懂找到正确的答案。

在人生的道路上，任何人都难免犯错，优秀的人犯了错，会承认错误，反思错误，进而不再犯相同的错。

爸爸妈妈的话

最亲爱的儿子：

岁月如流星划过时空，转瞬即逝。你已10岁，已经由咿呀学语的小婴儿，长成神采奕奕的翩翩少年。每一天，妈妈都在欣喜地看着你读书和玩耍，看着你微笑，内心惊喜于你的成长，也惊讶于你的成长速度。

儿子，人生是一场独行，是生于天地间，长于山川中的独行。

10年前，伴随着哭声，你来到这个世界。爸爸妈妈和爷爷奶奶、姥姥姥爷，还有其他家人、朋友们共同见证了这个时刻，大家心里都非常高兴。

还记得你出院回到家，安然地躺在婴儿床上，小小的你，躺在襁褓里，闭着眼睡觉，一群亲朋好友围着你叽叽喳喳，像极了母鸡们保护刚出壳的小鸡。

慢慢地，你会发现，无论外面有多热闹，我们最终还是得回归安定。**妈妈知道你是一个喜欢安静读书的孩子。书籍是我们前行路上的朋友,愿你此生能够一直"读行"下去。**

现在,你还是小学生,学习有时候会让你感到有压力,但是妈妈相信,你会越来越有能力,有能力让自己从容面对学习中的挫折。记得有一次,你因为语文考试成绩下降,难过了一个晚上,甚至还流了眼泪。但是,过了一会儿,你擦干眼泪,开始分析错误原因,制定学习计划。

在人生的道路上,任何人都难免犯错,优秀的人犯了错,会承认错误,反思错误,进而不再犯相同的错。这是一个非常好的习惯,它能让你一直成长。并且,**妈妈相信你可能已经发现,从错误中成长实际上是一件很愉快的事情。**

你经常会玩着玩具突然想起一道没弄明白的题的解题方法,就赶紧回到学习桌上认真地解题。妈妈现在还记得你每次解出题后看向妈妈的欣慰的微笑。

儿子,人生是一场相逢,有的人来了,给我们留下深刻的回忆;有的人只是来过,云淡风轻,不留一丝痕迹。

随着你慢慢长大,你还会发现,人生处处是相逢,又处处是别离。你会遇到很多人,也会与很多人告别。每一次相逢都是人生旅程的一处风景,需要我们用心体验。

每年暑假,你都会到北京跟两个表弟住一段时间。每一次相聚都会让你很高兴,每一次分离,你都依依不舍,你说,你很难过,你不想跟表弟们分开。

人生就是这个样子,月有阴晴圆缺,人有悲欢离合。

无论怎样,爸爸妈妈都希望你用平和的心态去体验人世间的酸甜苦辣。希望你永远葆有一颗积极向上的心。

儿子,爸爸妈妈祝愿你成为眼里有光、脚下有路、心中有爱的人。

爸爸妈妈

2024 年 2 月 26 日

李紫郡

出生年月：2013年9月

获得荣誉：

- ◆2021—2022年连续获得广东省"红领巾奖章"四星章
- ◆2023年获得广东省首届红心向党·革命故事会总评选全省一等奖
- ◆2023年获得广州市第17届学校合唱节高水平组一等奖

我和咏春的故事

小时候,我曾跟着太婆回到她的家乡佛山过年。那是一个很特别的春节,我依稀记得那时来家里拜年的人络绎不绝,屋子里站满了人。他们个个看起来身强体壮,大冬天里也只穿一件单薄的唐装,有的甚至只穿一件T恤。他们本在谈笑风生,却又不时动手互相"推搡"。我胆怯地躲在太婆怀里,小声地问道:"他们是谁?他们为什么要'打架'?"太婆忍俊不禁,摸摸我的小脑袋,慈爱地说:"他们是我父亲的徒弟,他们不是在打架,他们是在切磋武艺。""您的父亲会武术?"我似懂非懂地问道,因为在我的概念里,只有孙悟空才会武术。太婆笑而不语。

直到开始识字,我在妈妈的书柜里翻到了一本《佛山咏春拳黎叶篪》,我才知道太婆口中的父亲竟然是一位咏春拳的大师。我的这位太太公自幼家境优渥,幼年就拜佛山梁赞先生的高徒陈华顺为师,学习咏春拳,和当时在佛山名动一时的雷汝济、叶问是同门师兄弟。过去学习咏春拳的多为富家子弟,但我的太太公收的徒弟都是搬运工、车夫等普通老百姓。太太公的收徒标准是不分贵贱，只要人品好。而且，他教拳分文不取，他希望贫苦大众通过学习咏春拳，在强身健体的同时保护好自己，不受欺负。太太公的行为特别符合"尚武崇德"的咏春精神。

我为自己有这么一位武艺高强又宅心仁厚的先祖感到无比自豪，也由此对咏春拳产生了浓厚的兴趣。近代咏春拳兴起于佛山，200多年来人才辈出，灿若繁星。2021年，咏春拳（佛山咏春）正式入选第五批国家级非物质文化遗产代表性项目名录扩展项目。

与其他的武术流派不同，咏春拳主张合理使用武力，侵略性低，是一种防御型的武术。很多咏春拳馆都会悬挂着"念头正，终身正"的标语，这是咏春拳的宗旨，强调学习咏春拳的人不能利用武功为非作歹。

咏春拳没有大开大合的招式，就像我们在电影《一代宗师》里面看到的，凤眼拳、柳叶掌，一招一式都那么实用和精准，力气耗费相对较少，身体弱的人也可以通过练习变得健康自信起来。在格斗过程中，咏春拳讲究顺势而为、借力打力，妈妈说，咏春就是一套充满禅意的武术哲学。

这种以守为攻、以柔克刚的武术风格非常符合岭南人民善良、坚忍、务实、低调的行事风格。也正因为和地域文化高度契合,咏春拳才在岭南这片热土传承下去,并不断发扬光大。我的身边有不少在学习咏春拳的同学。

作为咏春大师的后人,虽然我没有习武,但总感觉自己已和咏春结下了不解之缘,常常梦想自己可以去行侠仗义、锄强扶弱。但我也知道,我和咏春的缘分不应止于白日梦。我要运用我的特长去宣传它,于是我写了这篇文章。希望咏春拳术和咏春精神可以代代传承下去,被更多的人了解!

我希望你坚忍不拔，不畏艰难，不怕挫折。我希望你心存善念，待人以诚，广结善缘，保持善良，以善行感动他人。

妈妈写给李紫郡的信

女儿：

妈妈给你起了个小名，叫"莞尔"，是想你能时时微笑。看着你一天天地长大，成为意气风发的少女，妈妈感到非常欣慰。

你刚出生的时候，就因病需要做手术，好在手术成功，我和爸爸心怀感恩，对你倍加珍惜。我们并不认为这预示着你命运坎坷，所以只求你平淡度日；相反，**我们认为你生而不凡，出生即经历磨难，日后必有大成**。

孟子说："天将降大任于是人也，必先苦其心志，劳其筋骨，饿其体肤，空乏其身。"已经吃了这么多苦的你，未来会享受更多生命的甘甜。妈妈觉得你聪慧又坚强，所以对你寄予厚望，并平时严格要求你，希望你将来成为人中龙凤、女中豪杰。

你非常喜欢读书，比较擅长写作。你的领悟能力和表达能力让亲朋好友惊叹。你参加各类的舞蹈比赛，获奖无数。你性格大大方方，不矫揉造作，英姿飒爽。你胸怀大志，思想成熟，行事果决,希望你能保持身上的这些优点。

人生道路,不会是一片坦途,你需要自己行走,别人无法从旁协助。我希望你坚忍不拔,不畏艰难,不怕挫折。我希望你心存善念,待人以诚,广结善缘,保持善良,以善行感动他人。

自古英雄出少年! 你有豪杰之志。**我知道你志存高远,所以希望你努力追逐梦想,不浪费时间。学问之道,贵在精勤**。希望你能勤奋好学,用知识充实自己,用智慧启发别人;不因为取得一点点成绩就骄傲自满,不因为遇到一点点挫折就气馁灰心。

妈妈爱你,时刻牵挂着你。希望你永远健康。

纸短情长,相信你能感受到妈妈对你的心意。

希望你一切都好,平安喜乐!

爱你的妈妈

2024 年 3 月 15 日

刘懿

出生年月:2011年10月

获得荣誉:

- ◆2019年被评为莞城优秀少先队员
- ◆2023年荣获莞城中心小学"未来之星"独舞专场比赛特等奖
- ◆2023年荣获第五届"致敬英雄"全国青少年文化艺术创作主题教育竞赛全国总决赛一等奖

从胆小到自信的华丽转身

我从未想过,有一天我会从那个哭着不肯上课的女孩,变成一个自信地站在舞台上完成独舞比赛的舞者。曾经的我,总是习惯性地躲在人群里,总是担心会被别人嘲笑,不敢表现自己,是舞蹈让我找到了自信。

内心的恐惧与挣扎

在我二年级考完民族舞四级后,我的老师离职了,妈妈便在另一个机构为我报名。我即将踏入中国舞四级班这个全新的环境,陌生的教室、陌生的面孔,每一个未知的元素都让我心中充满了不安。我站在那扇半开的门前,心跳如鼓。那间宽敞的教室里,一群女孩正在老师的带领下优雅地起舞。看到她们的基本功这么厉害,我害怕笨拙的自己会成为别人的笑柄。我哭着跟妈妈说："我不要学了，我要回家。"就在我抱着妈妈大腿不肯进去的时候，我看到了舞蹈室里一个微胖女孩纯真的笑容。她跳得并不完美，甚至可以说有些笨拙，但她脸上的笑容却如此灿烂和自信。**那一刻，我突然明白，如果我选择退缩，那么我将永远无法克服内心的恐惧，也无法实现自己的舞蹈梦想**。于是，我深吸了一口气，鼓起勇气走进了教室。**我知道，这将是一段艰难的旅程，但我愿意为了自己的梦想去尝试、去努力**。

艰苦的训练与心灵的蜕变

因为我之前学习民族舞，基本功不太扎实，我需要比别人投入更多的时间和精力才能追上班上的同学。高强度训练所带来的身体的疲惫和疼痛让我几乎想要放弃，每次下课我都哭着跟妈妈说我再也不去上课了，可是在课堂上取得的每一个小小的进步又让我欢欣鼓舞，让我觉得我可以坚持。

逐渐地，我的位置从后排边位被调到了前排边位，从前排边位又被调到了第一排的"C位"。在舞蹈课堂上，我充满了自信，也非常享受舞蹈所带来的快乐。直到那天，妈妈说给我报名参加学校艺术节的独舞比赛，妈妈的话语如同晴天霹雳般在我耳边炸响,让我整个人僵在了原地。独舞比赛?那意味着我将一个人站在舞台上,没有任何人可以依靠,没有任何人可以分担我的紧张与不安。我将独自面对那些刺眼的灯光,独自承受评委席上评委们严厉的眼光。我会不会忘记动作?我会不会失误?我会不会被评委嘲笑?这些担忧如同黑暗的魔鬼,在我内心疯狂地肆虐。

我想跟妈妈说我不参加,但是胸前的红领巾告诉我,我不能再像以前那样躲在人群里。这一次,我必须勇敢地面对恐惧。我不知道自己是否能够胜任这个任务,我不知道自己是否能够克服独自上舞台的紧张。但是,我也知道,**这是我成长的机会,是我挑战自己的机会**。最后我答应了妈妈,我愿意试试。

我开始了为期一周的一对一集训。舞蹈室里,只有我和老师两个人。没有了集体的热闹与喧嚣,只剩下我和老师的呼吸、汗水,还有那不断响起的节拍声。老师的目光如同鹰隼般锐利,不放过我每一个细微的动作和节奏上的失误。每次高强度的练习都是对身体和意志的双重考验,我的汗水顺着额头流下,混着泪水模糊了视线,但我却不敢有丝毫的停歇,**因为我知道,只有经过这样艰苦的磨炼,我才能在舞台上展现出最好的自己**。

自信展现与绽放光芒

马上就到我出场了,紧张的氛围逐渐在后台蔓延开来,但我感到一种前所未有的平静与自信。我闭上眼睛,深呼吸,那些日夜的苦练与汗水,在这一刻仿佛都化为了我内心的力量与勇气。当我带着自信和决心走上舞台的那一刻,我并没有感到丝毫的畏惧。我看到妈妈坐在观众席,向我投来鼓励的眼光。当音乐结束的那一刻,我轻轻地收回最后一个动作,结束了我的表演。最终,我获得了学校独舞比赛的特等奖,这是我意想不到的荣誉。更令我激动的是,我还被选送参加区总决赛。

因为坚持,我学会了面对困难和挫折。相信每一次的坚持都会有收获,每一次的努力都会让我们更加接近目标。 享受每一次的挑战和成长吧,只有在坚持和持之以恒的道路上,我们才能真正实现自己的梦想。

你的成长，让我们无比骄傲和欣慰。你如璀璨星辰，点亮我们的生活。

勇敢展翅，迎接新挑战

亲爱的女儿，你12岁了。

仿佛转瞬之间，你已展翅高飞，

从胆小到自信，华丽转身间，

你的成长，让我们无比骄傲和欣慰。

你如璀璨星辰，点亮我们的生活，

从婴儿到少女，每一步都令我们惊喜。

上小学的日子里，你学会合作与分享，

学习自律，待人友善。

时光荏苒，初中之旅即将开启，

新篇章、新挑战，等待你去探索。

那里充满知识，也充满未知与机遇，

是你成长、独立，追寻梦想的地方。

初中，是锻炼与成长的舞台，

新师友，成为你人生的财富。

保持热情，勇于尝试，挑战自我，

你会绽放更加耀眼的光彩。

女儿啊，前行路上要坚定信心，

遇到困难，相信自己能克服。

愿你的初中之旅充满阳光和喜悦、

如诗如画、如梦如幻。

愿你每一步都踏实而坚定，

愿你未来更加辉煌！

爸爸妈妈

2024 年 3 月 19 日

第三章

砥砺前行

吕行

出生年月：2013年3月

获得荣誉：

- ◆ 2021年绘画作品在北京市东城区"共赴冬奥，筑梦有我"活动中获小学组一等奖
- ◆ 2022年代表北京市少年宫参加中央电视台《开学第一课》节目录制
- ◆ 2023年国画作品《鱼鹰小舟》在中国美术馆展出

谁说站在光里的才算英雄

　　晨光刚照亮沉寂的街巷，路边的叔叔早已将一箱箱新鲜的果蔬卸下，他拭了拭汗，满足地望着这辆陪伴他风风雨雨的货车；夜色深沉，医院中的护士步履匆匆，争分夺秒地将病人送进病房。**他们的身影是那样的高大，谁说站在光里的才算英雄**？

　　一个月前，我们家的卫生间突然下起了"小雨"，水顺着瓷砖的缝隙不断地流。妈妈急忙打电话给小区物业管理员说明情况。妈妈挂断电话后，我好奇地问："物管怎么这么厉害呀，连漏水都能解决？"妈妈温柔地回答："是呀，不仅如此，家里煤气、下水道、小区的环境、卫生等等，都是由物管人员负责的。如果你独自在家，遇到了自己不能解决的问题，也可以打电话向物管的叔叔阿姨寻求帮助。"

　　我正若有所思，就被几声急促却又轻柔的敲门声打断了思绪，开门一看，正是物管阿姨。她身着白色长袖衬衫和黑色长裤,胸前戴着蓝色的胸牌,脸上戴着一副黑框眼镜,显得大方得体又值得信赖。她额头上覆着一层细汗,眼神中写满了关心,向我们打了个招呼,就直奔漏水的卫生间。只见她麻利地登上凳子,熟练地掀开卫生间吊顶的瓷砖,掏出随身携带的手电筒,细细探查漏水的源头。不到五分钟,她就从凳子上下来,认真地对妈妈说:"您别担心,这是楼上卫生间渗水,导致您家卫生间漏水,我会尽快联系楼上业主,立即维修。"

听了物管阿姨的话,我们全家紧绷的神经终于松弛下来,向她连连道谢,她的脸上浮现出微微羞赧的神色,叠声说:"不要客气,这是我分内的工作。"临走时,她还不忘细细叮嘱妈妈:"卫生间滴水,地面滑,一定让孩子们小心。咱们加一个微信吧,这样再有什么事,您随时联系我。"这位相貌并不出众、衣着普通的物管阿姨,她的身影显得那么高大。

第二天,我放学回家,发现卫生间果然不再滴水了。那位物管管理员阿姨的一颦一笑再次浮现在我的眼前。她每天要处理很多生活琐事,这些琐事关系到每家每户的正常生活。她多辛苦呀!

"谁说站在光里的才算英雄?"那一刻,耳畔传来那句充满力量的歌声。

"冀以尘雾之微,补益山海,萤烛末光,增辉日月。" 那位叔叔、那位护士、那位物管阿姨,他们就是生活中的一束束光。**我多么希望自己也能接近光,成为光,照亮自己,温暖他人。**

妈妈愿你能在成长中用内省和智慧发现自我，在未来靠拼搏和进取成就自我。

给宝贝女儿的一封信

亲爱的小春天（吕行的小名）：

阳春三月，草绿莺啼，你迎着春光而来，我们因此给你选定了小春天这个名字。还要悄悄地告诉你，在妈妈读大学的时候，社交软件不是微信而是QQ，"人生的春天"是我使用了四年的网名，我硕士毕业后，真的迎来了我人生的"春天"——你。"春天"这个诗情画意的小名，加上你的大名，就叫雅俗共赏。吕行谐音"旅行"，主打一个好记，"吕"和"行"都是六画，寓意"六六大顺，遇事能行"。你的名字接地气，从小人缘好，因而得一外号"没有公主病"。

近水楼台先得月，龙潭宝宝造素心。你出生时，咱们家住南二环，可以说龙潭湖就是咱家后花园，一年四季，我们一家人在龙潭湖公园看春光乍泄，赏夏日红荷，拾秋之落叶，嗅冬日白梅。**小小的你在草木之间汲取天地之精华，在蓝天白云之下接纳大自然的馈赠，打造了一颗自然而然的素心**。素是底色，《论语》云"绘事后素",素是绚的发端。

杨绛先生说:"保其天真,成其自然。"当年小小的你,通过面试分别拿到了北京蓝天幼儿园和北京市第五幼儿园的录取通知书。五幼是你人生中走入的第一个大集体,这里让你的天性再次得到释放,你在这里收获了快乐的童年。在这所全国百强幼儿园里,李老师会带着你们观察一棵树四季的变化,并让你们做详细的观察记录。当年李老师的论文获得了国家级教研大奖,你也变得越来越善于观察,从此拥有了一双慧眼。

爱好不是附庸风雅,爱好更不是标榜,爱好是乐在其中。拥有一颗素心和一双慧眼的你,将北京市少年宫当成了你艺术的殿堂,舞蹈团汇报演出《月光下的凤尾竹》好像才刚刚落幕,代表声乐班参加2022年中央电视台《开学第一课》的录制也仿佛就在昨天。当你临摹的作品《鱼鹰小舟》在中国美术馆展出时,你的眼里是有光的。那张照片始终定格在妈妈心里,因为照片上有你最喜悦的表情、最笃定的眼神。是的,我和爸爸从来没有让你为了考级而挤压本该属于你自由支配的时间。我们始终尊重你的选择与取舍。我们始终支持你永远遵从自己的内心。

学习对你来讲,并不是什么难事,用你自己的话说,就是你会听课、爱琢磨。妈妈一直希望你,眼神好,心眼好,脑子好,希望你能保持独立思考、学会判断。为此,妈妈最大限度地尊重你,接纳你,尊重你爱做手工的兴趣,尊重你对美食的渴望,尊重你对我说"不",也接纳你偶尔的叛逆。

丫头,你平安健康、个性十足、内心喜乐!妈妈爱你。

周国平曾说:"在人世间的一切责任中,最根本的责任就是真正成为你自己,活出你独特的个性和价值来。"

妈妈愿你能在成长中用内省和智慧发现自我,在未来靠拼搏和进取成就自我。

愿你永远做那个心中有爱、眼中有光、踏浪前行的小春天。

妈妈
2024 年 3 月 17 日

童钧则

出生年月：2014年11月

获得荣誉：

- ◆ 2021年荣获贝尔机器人湖北赛区科技节年终盛典二等奖
- ◆ 2022年美术作品获得武汉市"我和我的湿地"图文征集活动儿童组绘画一等奖
- ◆ 2024年获得国家社会艺术水平考试漫画四级证书

贪玩的小水滴

在一个晴朗的日子,一颗渴望冒险的小水滴决定跳出池子的束缚,探索更大的世界。它蹦蹦跳跳地来到了书桌下,发现了一个穿着旧衣服的小男孩。小水滴好奇地继续前行,来到了小男孩的床底。床下黑漆漆的,伸手不见五指,小水滴的心跳加速了。

就在这时,一只大蜘蛛突然从角落里跳了出来,把小水滴吓了一大跳。小水滴紧张地闭上眼睛,等待着蜘蛛的攻击。然而,出乎意料的是,蜘蛛却温柔地说:"嗨,小水滴!我能和你做朋友吗?我一个朋友都没有,很孤单。"

小水滴听到蜘蛛的话,心中的恐惧瞬间消失了。它睁开眼睛,看着这只友善的蜘蛛,毫不犹豫地答应了它的请求。于是,小水滴跳到了蜘蛛的背上,蜘蛛便驮着它继续前行。它们一起穿过了黑暗的床底,来到了明亮的窗台上。

窗台上的风景让小水滴陶醉不已。它看到了蓝天白云、绿

树红花,还有远处连绵起伏的山峦。正当它们欣赏风景时,一只体形壮硕、浑身羽毛蓬松、眼睛像铜铃一样大的大鸟突然飞来,一口将它俩吞了下去。小水滴和蜘蛛吓得紧紧抱住彼此,它们以为自己要死了。

然而,过了一会儿,大鸟突然感觉肚子有些不舒服,就把它俩吐了出来。它们从高空中跌落,幸运的是,它们落在了一条用石头铺成的马路上。这里是一条热闹的商业街,四周是熙熙攘攘的人群和各种各样的小摊贩。小蜘蛛小心翼翼地走着,生怕被踩到。

就在这时,一颗黑漆漆的小水滴跳了出来,它哭着说:"请你们帮帮我,把我身上的黑色洗干净吧。"原来,这颗黑水滴曾经被污染过,身上沾满了黑色的污垢。善良的小水滴立刻答应了它的请求,它"噗"的一声将干净的水喷向黑水滴。黑水滴瞬间变得洁净,它感激地说:"谢谢你们!"

于是,小水滴、白水滴(以前的黑水滴)和小蜘蛛决定"桃园三结义",它们成了最好的朋友。白水滴也跳到了蜘蛛的背上,蜘蛛高兴地驮着它们俩继续前行。它们走过了繁华的商业街,穿过了幽静的小巷子,来到了一个美丽的大花园。

花园里开满了五颜六色的花朵,蝴蝶在花丛中翩翩起舞。小水滴和它的朋友们被眼前的美景所吸引,它们决定在这里停下来休息。它们躺在柔软的草地上,享受着温暖的阳光和清新的空气。**小水滴感到无比幸福和满足,它终于找到了属于自己的家**。

然而,它们并没有忘记自己的使命,于是决定继续前行,寻找更多需要帮助的生命。它们走过了田野、穿过了森林、越过了山川,来到了一条被污染的小溪旁。这里的水浑浊不堪,鱼儿们无法生存。小水滴和它的朋友们决定拯救这条小溪。它们积聚起所有的力量,开始清理小溪里的垃圾和污染物。经过不懈的努力,小溪终于变得清澈见底。鱼儿们欢快地游来游去,小溪又恢复了往日的生机。

小水滴和它的朋友们看着自己的劳动成果,感到无比自豪和满足。最后,它们决定奔向下方的稻田,从稻谷的根部进入鼹鼠打造的地下王国。在那里,它们商量着一起建造一个污水处理池,让所有的水滴都能有一个干净、舒适的家。于是,它们开始忙碌起来,挖洞、建造、装饰……**最终,它们在这个新家里安居乐业,过上了快乐而充实的生活**。

你是生活的观察家、绘本小画家、童话故事家，还是个高情商的孩子，从不吝啬对我的夸赞。

阳光开朗大男孩的10年成长记

亲爱的孩子,很荣幸在你即将迈入10岁的年龄,能和你一起书写本书。这将是你人生的第一个10年的礼物,妈妈多么羡慕你这么早就完成了出书的梦想。

虽然我已经出版了四本书,但是平日里忙于工作,也一直笃信快乐教育,没有在你5岁之前"鸡娃"。偶然有一天,我发现你十分忙碌,一个人花了好几天时间,默默地捣鼓一本小画册,我歪过头想偷看,你就赶紧捂住,不让任何人靠近。第五天后,你终于大功告成,动作帅气地丢给我一本纯手绘的童氏童话故事,瞪大双眼骄傲地对我说:"我也出书了!"我不甘示弱地回敬你:"妈妈已经出第四本书了!"接下来的一周内,你居然神速地画完了剩下的三本,内容有关于交朋友的、有关于爱妈妈的,还有在幼儿园发生的故事、2020年疫情间我们生活中的点点滴滴。那个时候,我忽然发现,牙齿都没长全的你真了不起!你是生活的观察家、绘本小画家、童话故事家,还是个高情商的孩子，从不吝啬对我的夸赞。

可是这种近乎完美的亲子关系，在你上了小学之后，越来越紧张，越来越疏远。起因是我发现，武汉与你同龄的小学生大部分已经学完了一二年级数学思维、识字 1000 个，有的孩子甚至能流利地读完一整本英语原版故事，而你除了快乐一无所有。老师委婉地提醒我，你跟其他孩子不一样，是班级里的"植物学家"，因为你每天盯着窗外的那棵大树神游，从来不看黑板。老师叫我赶紧带你去儿童医院检查，认为你极可能患有儿童注意缺陷多动障碍。

我带着你跑遍了武汉三镇的大医院，你被确诊为重度障碍，它可能伴随你直到大学。那一刻，我无助地掩面而泣，自责、失望，甚至愤怒，命运又一次让我拿到了烂牌（原生家庭不好的我，靠锤炼写作转型成为文案培训师），不服输的我要怎么赢？！你无法正常听课、记笔记，甚至连参加考试时都会发呆，回家写作业写到晚上 11 点是常态。**我一次次怒吼，又一次次愧疚，深夜里常常失眠。难道我和你就要这样煎熬着吗**？

这个时候，我的脑海中闪现出疫情期间的方舱医院，一位博士生坐在床上安静看书的画面，他给我留下了深深的印象。作家毛姆说过"阅读是一座随身携带的避难所"，而叶圣陶老先生认为"写作是将灵魂倾注于纸上的艺术"。

你难以静坐看书,我就陪你一起,读书给你听并画出来;你只有在画画的时候能安静 10 分钟,我就倾尽所有培养你的这个爱好;你需要专注力训练和感统训练,我就推迟工作和你爸爸周末带你训练;你精力旺盛,我不爱出门,为了你,我可以环绕武汉东湖景区骑行。渐渐地,你时常获得全区、全校甚至全市的绘画比赛大奖,训练老师开始对我说你表现得越来越好,能保持专注 20 分钟,虽然离课堂 45 分钟的时长还远远不够,没关系,事在人为、日拱一卒。

　　坚强乐观的你,让我看到了曙光。阅读和写作救赎了曾经产后抑郁的我,我相信,在它们的陪伴下,未来的你一定能超越爸爸妈妈,变得自信、健康、博学。你会成为我心目中的那个阳光开朗的大男孩!

妈妈
2024 年 5 月 10 日

王卓为

出生年月：2012年1月

获得荣誉：

- ◆ 荣获跆拳道国际黑带二段证书
- ◆ 荣获2021年第三届中国上海跆拳道国际邀请赛品势第二名
- ◆ 荣获上海理工大学附属实验初级中学2023学年第一学期红领巾奖章争章活动一星章

让我"肚子胀"的跆拳道

我小时候经常生病发烧,一烧就是好几天,严重时还发生过抽搐,外公外婆、爸爸妈妈为此心力交瘁。爸爸妈妈在我5岁时给我报了跆拳道兴趣班,没想到这一练就是7年。

神奇的是,这7年来,我极少生病。其实爸爸妈妈让我练习跆拳道还有另一个重要原因——保护自己。**因为不管什么时候,生命安全都排在第一位。**

练跆拳道一个很重要的部分是体能训练。每次体能训练,我都要翻跃一个个高高的垫子,至于鸭子步、折返跑、高抬腿、蛙跳等等,我都不在话下。如果连这些基本功都练不好的话,那么实战竞技的时候肯定会"趴窝"。

最初训练的时候,我心里总是很紧张,紧张到什么程度呢?我编了各种理由来逃避对抗。第一次,我和师兄弟们坐在下面,看到上面正在对打的一人十分勇猛,直接把对手打趴了。等到那个被打败的选手下场时,馆长开始挑选选手上场。我看着他锐利的眼神扫过一个个人,停留在我左边的一个人身上时,我的心都快跳出嗓子眼了。馆长叫我:"来,王卓为,就你吧!"我只好装作很厉害的样子上了场,刚开始还很镇定,可后面越来越吃力、越来越费劲,眼看就要落败,我连忙举起手:"教练,我肚子胀,不对劲,想上厕所!"教练看着我"难受"的样子,就答应了。

在尝到了甜头之后,我的第二次伪装就开始了:还是一样坐在下面,但这次馆长第一个叫到了我,我只好装模作样地打了起来,虽然还没到最后关头,但我实在害怕被人打败,"哎呀"一声直接躺在了地上,装作抽筋的样子……

后面几次,我也如法炮制,不是"肚子胀"就是"抽筋"了。馆长过了一段时间就发现了我的小秘密。课间休息时间,他来和我聊天,鼓励我遇到困难不要怕,要坚强一点、勇敢一点。从那以后,我试图克服被人踢的恐惧,坚持到底。每次实战训练,馆长都会在一旁不停地大喊:"上头!上头!上头!"当我能够使出后旋踢,踢上对手的头盔时,我太开心了。

我是从白带练起的,经过努力,我达到了绿带、蓝带、红带等级别,连黑带也早已到手!当练到蓝带时,我就开始参加各类比赛。我在品势竞赛中不止一次拿到金牌。在一次上海市跆拳道联赛中,我还跟别的小组的金牌选手继续比试,竟然获得了"王中王"的称号,组委会给我颁发了一座特别的小奖杯。爸爸妈妈、外公外婆一直为我鼓掌,其他小朋友都羡慕极了,我站在领奖台上也感到无比自豪和得意。比赛结束后,我脖子上挂着好几枚奖牌,手里握着小奖杯大摇大摆地在街上走着,我仿佛一名凯旋的奥运冠军。

馆长曾经说过:"拿到黑带才算入了门,这只是一个开始。"我带着这句话,继续踏实训练。练习的过程,我曾想过放弃,但一想到马上就要考黑带二段,我就咬牙坚持,即使是练到大腿都快没知觉了也没有放弃。考段那天,我就像平时训练一样按要求完成了各项考核动作,最终如愿以偿获得了黑带二段。

其实我想告诉你一个小秘密——跆拳道并不是我最喜欢的运动,甚至直到现在我每次去跆拳道馆前还会心里打鼓,想说"肚子胀",但这并不影响我在练习跆拳道的道路上继续努力。正如电影《飞驰人生2》中的台词:**"战胜恐惧的最好方法是面对恐惧。"**

无论何时何地,我永远记得馆长每次下课前带领我们大声喊出的跆拳道精神:礼仪、廉耻、忍耐、克己、百折不屈。

成长的过程中必然会遇到各种各样的问题，你在成长进步，爸爸妈妈也在学习进步。这是个动态的过程。

给王卓为的一封信

亲爱的王卓为:

2024年,你刚满12岁,虽然你从小是一副小大人的可爱模样,但今年是你正式迈入少年的关键一年。爸爸妈妈认为这是一个很特别的时刻,让我们一起庆祝你的成长。

首先,爸爸妈妈想说我们是多么幸运能拥有你这个儿子。你和妈妈不止一次讨论过前世今生的话题,讨论的结果是我们上辈子肯定也是一家人,你说:"我们要在'世界末日'到来之前,商量个暗号才行,保证下辈子依然能找到对方。"

你是一个拥有一颗豆腐心的小暖男。虽然平时你和爸爸时不时闹矛盾,每次闹矛盾就摆出一副不想理人的样子,但只要一出门,你就老是喊"等等我,爸爸"。你从咿呀学语起,每次出门在外你最担心爸爸不认识路,问得最多的一句话就是:"怎么办,爸爸会不会丢啊?"有好吃的也会想着给爸爸留一点儿,生怕爸爸吃亏。看到妈妈身体不舒服或哪里受伤的时候,你会自觉地把胖乎乎的小脸凑过来，噘起小嘴亲妈妈一下，这时，妈妈就觉得浑身舒坦。这些暖心的感觉是爸爸妈妈之前从未体验过的。**谢谢你让我们成为你的父母，谢谢你对爸爸妈妈毫无保留的爱。**

从你上幼儿园起，几乎每一届老师对你的评语都是"王卓为是一个善良正直、乐于助人的小男孩"。进入小学六年级后，班主任老师称赞你："**面对事情能够明辨是非、保持自我、不受他人干扰，是个正直的孩子，这是一种难能可贵的品质。**"你知道听到这些话时，爸爸妈妈有多欣慰、多自豪吗？这说明你有能力持续释放善意，同时坚持自己的原则——这是很多成年人都不一定能做到的事情，希望你能继续保持。

你还是一个内心渴望进步、想做就能做到的男孩。为了增强体质与抵抗力，爸爸妈妈在你5岁时给你报了跆拳道兴趣班。天生不喜欢冲突与对抗的你，在这7年间有过太多次退缩、太多次犹豫，但你一直坚持练习，并一次次升级获得了黑带二段的成绩。你是极其讨厌"半途而废"这个词的，因为每次当你想彻底放弃训练时，妈妈只要一提这个词，你就擦干眼泪，斩钉截铁地说："还是继续吧！"虽然比起乒乓球，跆拳道不是你的最爱，但你通过直面恐惧、踏实训练，取得了令人骄傲的成绩。谢谢你用实际行动印证了妈妈经常说的那句话——只要坚持，任何人可以胜任任何事。

成长的过程中必然会遇到各种各样的问题，你在成长进步，爸爸妈妈也在学习进步。这是个动态的过程。你了解了DISC行为风格理论后，看到妈妈投诉某个商家的问题得到妥善解决时，对妈妈说："妈妈，你太棒了，你果然是高D特质！"这让妈妈开始反思也许某些场合展现其他特质更合适。有时，你也会机灵地提醒爸爸说了"父母禁语"。**爸爸妈妈很享受与你一起学习、一起进步的过程。**

无论何时何地，家人永远是你最坚强的后盾。我们愿意倾听你的心声，给予你最真诚的建议和支持。记住，不管你遇到什么困难，我们都会在你身边，坚定地支持你、鼓励你、帮助你。无论未来遇到什么样的挑战和困难，我们都相信你有足够的勇气和智慧去应对。永远相信自己，永远坚持体验，你会创造出属于你自己的精彩人生。

你是我们的骄傲，我们永远爱你，愿你的每一天都充满阳光和笑容。

爸爸妈妈

2020年3月22日

王紫瑄

出生年月：2010年1月

获得荣誉：

◆ 2021年获得上海音乐学院社会艺术水平考试琵琶四级证书
◆ 2023年荣获第二十七届全国中小学生绘画书法作品比赛书法类三等奖
◆ 2023年荣获中国舞蹈家协会中国舞十级证书

在时光里,我读懂了它

在无数次的练习中,终于,我读懂了它。

小时候去学琵琶,起初,我只把它当成一项在表演时可以展示的才艺,想着自己某一天也可以像古代才女一样,在众人面前弹奏,虽然内心非常期待,但并没有什么深刻的认识。后来一次次枯燥的基本功指法练习,让我对它渐渐失去了兴趣。父母觉得我才刚刚入门,不能半途而废,于是督促我经常练习,还为我描绘我以后表演琵琶的美好场景,让我勉强继续学习。刚开始,我没什么进步,觉得练习很枯燥,直到有一天我弹整首曲子的时候发现自己弹得越来越流畅了,才感受到了成就感。

在学习《春江花月夜》的时候,老师并没有直接教我曲子,而是先给我讲这首曲子的背景,了解张若虚的生平,体会古诗里的场景,还说弹奏时要想象自己真的在一艘小船上,去感受作者当时所处的情景、体会作者的心理。练习多次后,我尝试寻找那种感觉,但迟迟达不到老师的水平。老师弹的曲子十分轻巧灵动，给人一种身临其境的感觉，但是我弹起来就干巴巴的。后来，我发现老师弹曲子的时候，既有娴熟的技巧又带有情感，仿佛每个音符都从老师指间欢快地跳跃出来，所以老师弹奏出的曲子有神韵。而我只是注重技巧，没有一丝感情。想要弹出神韵，弹琶音的时候要由轻逐渐到重，但是手接触琴弦的时间又不能太久，不然会有杂音；泛音的音就犹如钟声，所以要弹得慢、轻，音弹出来还不能闷，弹的时候手要有"搓"的感觉，才能展现出意犹未尽。而且，**我还明白了学习演奏曲子最重要的并不只是技巧，理解和表达创作者的心理和情感一样重要。**

随着练习的增多，我的技艺也有了一定的进步，渐渐地，我可以开始看谱弹奏。通过弹各种各样的流行音乐，我感受到，原来琵琶也不仅仅是《春江花月夜》那般柔美，它的独特音色很有穿透力，也能表现出刚劲的力量。**从中，我体会到了琵琶之美。**

2019年去新西兰的时候，我有幸给外国同学演奏了琵琶，我选择了大家耳熟能详的《茉莉花》，优美的旋律很快就引起了他们的兴趣。**我兴致勃勃地给他们介绍了这种中国传统乐器，没想到我也成了文化的传播者，让更多外国人了解了中国的传统文化，让他们感受中国民乐的魅力。**

从起初的只会弹基础的练习曲,到现在可以弹奏较长的名曲,不仅我的演奏技艺进步了,我对琵琶的看法也发生了巨大的改变,这也使我与琵琶的感情更深了。

现在我读懂了琵琶,它不仅是一种乐器,更是文化的传承和传播。它代表着中国文化,也体现了中国民乐之美。

未来,你难免要吃苦,难免要受累,难免会受到伤害,孩子别怕,爸爸妈妈随时在你身后,我们一直都在。

致我们最爱的女儿

亲爱的王紫瑄：

那天放学回来，你说："今天学校体检了，我又长高了。"那一刻，我突然意识到，曾经怀抱中咿呀学语的小姑娘，如今已亭亭玉立了，你在我们不经意间就长大了。曾经总喜欢跟在我后面的小尾巴，不知从什么时候开始，已经不那么黏我了；曾经凡事喜欢喊"妈妈帮我"的小屁孩，如今已很少要我帮忙了。时间真快，很高兴，我的女儿长大了。

你的坚持一直是我们要学习的。即便只是上个舞蹈培训班，你居然也能做到基本不迟到、不请假。说实在的，我们内心是很佩服你的，因为很多时候我们都认为这只是培训班而已，不必那么认真，但你总能坚持。上个月家长会，班主任跟我说每天早上第一个见到的孩子就是你，从不例外。那一刻，妈妈是很开心的，因为要坚持做到每天第一个到教室，真的很了不起，而你做到了。

你总能把自己的事安排好，从不让我们操心。从小学一年级教会你整理书包开始，除了必须要我们帮忙的事情，你几乎没让我们削铅笔、陪写作业。即便你在三年级邀请同学一起出去玩的时候，你都只需要我为你提供交通卡和零钱，你自己跟同学商量游玩地点、出发路线、集合地点等。直到有一次你同学的妈妈对我说："你家姑娘真贴心，每次出去玩，回家后都要打电话问我们家的到家了没有。"我当时就心花怒放，真没想到我的孩子不仅不让我担心，还能关心别人，真的很不错。

前天在帮你查看综合测评的时候，看到你的体育分数，我好奇地问了句满分是不是100，你很自豪地说："满分100，我每个科目都是满分呢。"非常感谢你一直如我所愿地总把健康放在第一位，因为人生就是一场马拉松，没有健康的身体作为基础，是很难跑到终点的。**你总能把妈妈的话记在心里，并坚持去做，真的很棒**。

我的孩子，我很开心你已经开始踏入精彩美好的青少年阶段。每次看到你背上一个沉重无比的书包，左手一个帆布袋，右手拿着琵琶回到家，我知道你很疲惫，我特别想帮帮你，但我很清楚即使去车站接你，妈妈也只能帮你拿着东西陪你走一段路而已。就如你的人生只有那么一小段是有爸爸妈妈陪着的，大部分剩下的路还得你自己走一样。你会遇到好的老师，碰到友爱的同学,交到志同道合的朋友,你会慢慢有自己的圈子,你会用自己的视角去感知这个世界的美好,这是我们每个人的成长之路。

未来,你难免要吃苦,难免要受累,难免会受到伤害,孩子别怕,爸爸妈妈随时在你身后,我们一直都在。

最后,非常感谢你,我亲爱的孩子,你选择了我们家,和爸爸妈妈一起组成了这个温暖可爱的家。

愿你健康,平安,幸福。

永远爱你的爸爸妈妈
2024 年 3 月 21 日

魏义铭

出生年月：2008年1月

兴趣爱好：

- ◆ 钢琴、高尔夫、书法
- ◆ 陨石鉴赏收藏，为北京大学地球与空间科学学院提供陨石样本
- ◆ 航拍摄影，有5年以上航拍经验，制作的视频点击量超过 10000次（视频号：JASON不是艺术家）

三闻胡笳声

沃野千里,逶迤连绵,我立在微凉的秋风里,眼前蓊郁的绿意浸润了瞳仁,偶有几只飞鸟在风中掠过,灰色的翼翅在空中划出丝丝颤音。倏忽间,耳畔传来凄婉悠远的胡笳声,让人想起"汉垒关山月,胡笳塞北天"的景致,但眼前的一切却更深沉。我伫立在原地,任乡愁混着乐声融入夜色的温柔。

"自有金笳引,能露出塞衣。听临关月苦,清入海风微。三奏高楼晓,胡人掩涕归。"初闻胡笳,是王昌龄《胡笳曲》里惹胡人沾衣的乐色,余音袅袅地荡漾在边塞呼啸的风里。彼时战争频繁、动荡不安,那一声声呜咽的胡笳乐像是淙淙流动的溪水,润泽了胡人那颗远征的心,淌过心灵最柔软的地方。于是乎,乡愁也像那溪水一般涌出胸口,灼伤了眼眶,潸然流下的泪水像极了刀刃上的热血,沾染了胡人满是尘土的衣衫。我不禁好奇,是怎样的乐曲能勾起对家乡这般深沉的思念,让人听罢泪沾衣裳,掩涕而归?我拿起爷爷的胡笳把玩,木制的管身泛着丝丝清冷的光,双手持管,让上端管口贴近下唇,吹气的瞬间耳畔满是浑厚低沉的声音,虽不成调,却也缠绵悱恻。恍惚间,我像是置身于家乡苍茫的草原,羊群在身边经过,天边的群岚闪烁着微光,一望无际的草色蔓延到眼底,也蔓延到心底。**那个我自出生起从未回过的家乡,因为胡笳声,在心底有了最初的轮廓。**

"雁飞高兮邈难寻,空断肠兮思愔愔。攒眉向月兮抚雅琴,五拍泠泠兮意弥深。"再闻胡笳,想起蔡文姬《胡笳十八拍》里南飞的大雁,在陇水呜咽哀怨的水声中划过天际。刻意选择暮秋时分跟随爷爷和父亲踏上故土,那是我第一次回到内蒙古,秋日的草原天高云淡,蒙古包里热情的乡亲拿出胡笳,一曲惹人心醉。**那乐曲在每片叶子上留下印痕、在每片云彩上点满色彩、融化在青草味的风里、浸入草原每个角落。**载歌载舞中,那个我在心底里勾勒了千百遍的家乡终于近在眼前,草原上苍翠的绿,参差的黄,零星的褐,一点点涂抹,一点点勾勒,一点点镶嵌,让置身于其中的我感到深沉而温暖,全然没有了飘零之感。我想,彼时蔡文姬在大漠苍茫的塞北,也一定是在声声胡笳乐中,与家乡深情对望,孤独寂寞的流浪者在胡笳声中突然就找到了归宿,突然就泪流满面。

"一团燕月明窗纱。楼上胡笳,塞上胡笳。玉人劝我酌流霞。急撚琵琶，缓撚琵琶。"又闻胡笳，是宋人汪元量《一剪梅·怀旧》里窗纱上的明月，是中秋时节家人闲坐、灯火可亲。在欢呼喝彩声里，爷爷吹起胡笳，声音深邃而悠远，恍惚间，我似乎还停留在那绿意盎然的草原上，能感受到那温暖而亲切的眷恋，飞旋的风，枯黄的草，白云淡淡，和风疏懒。我想，这一声声胡笳会永远刻在我的心底，连同着爷爷讲话时口音里夹杂的内蒙古味儿，点点滴滴汇聚成我对家乡的碎片记忆，而爷爷和父亲性格里所携带的草原人民的豪爽、刚烈和直率，也将经由血缘代代相传，在潜移默化中影响着像我一样的后辈。**许多年后，再响起胡笳声，仍然有人会忆起那片苍茫的草原。**

三闻胡笳声，声声入耳，那声音涤净心尘，在心头回荡。 从前不曾想，乐曲竟如此有力量，让人对故土心驰神往，我仿佛游荡在深秋草原黄褐色的世界里，有脱尘、飘逸、自由的胡笳声在侧，即便相隔千里，故乡的声音永远萦绕耳旁。

岁月让人成长，在我们共同成长的柔软时光中，让爱温暖彼此。

柔软时光里的温暖

阳光、自信的大男儿：

妈妈看着你写的文章，被你带回我那遥远的故乡。你的文章让我想起3年前我和爸爸陪伴你的姥姥姥爷长途跋涉，奔向远方的家，那里有妈妈亲爱的外公、外婆。

妈妈小时候大部分时间由外婆带大，外婆是最疼爱我的人，她家里的糖果是最吸引我的食品。至今我都觉得那时每天都有糖吃的我，是最幸福的人。少年期待远方，成年思念故乡。出走二十多年的我，最想回的还是梦里的那个家。在平凡的小村庄里，藏着最惬意的生活、最踏实的幸福。不管是见面或是打电话，我的外婆外公总叫喊着我的乳名。**忽然间，我明白了回家的意义就是让长大的我做回小孩，那里有我味蕾的记忆，有我的伙伴、人间烟火，最抚凡人心。**

现在，他们活在我的记忆中。我时常想他们二老在天堂是否安好。人们常说："有爸在，就有天在；有妈在，就有家在。妈不在,人生只剩归途。"我看着你的姥姥姥爷在厨房里忙着制作年货,我无法体会父母不在了的感受,我也没有深入地和我的妈妈探讨这个话题。有人说妈妈不在了,我们就像是插在花瓶里的鲜花,虽然还有色、有香,但是已经失了根,失了生命的源泉,失了生命的活力。

乌鸦反哺、羊羔跪乳、行孝在当下。一家人在一起,最重要的就是亲情。亲情是那一分只要你过得好,我什么都愿意去做的爱,是那一分只要你过得好,我就好的无私。冬阳把客厅照射得亮堂堂的,你们在书房讨论着什么,偶尔会传出笑声。我脚步轻盈地走到我的爸爸妈妈身边,揽住着妈妈给她一个深情的拥抱,轻轻地说:"我爱你们,有你们在真好。"

胡笳,或许存储着祖先的智慧与能量。我的妈妈变成了姥姥,我变成了妈妈,然后你生儿育女,一代一代传承下去,这就是我们的日子。岁月让人成长,在我们共同成长的柔软时光中,让爱温暖彼此。

在未来的每一天,我们都会爱你、相信你……

永远爱你的妈妈

2024 年 2 月 27 日

吴若溪

出生年月：2013年4月

获得荣誉：

◆ 代表珠海市香洲区景园小学表演《罗马号角》节目，荣获珠海市香洲区2023年艺术教育成果展示活动暨29届青少儿艺术花会器乐小组银奖

◆ 参演《中华成语故事》儿童系列剧，表现优异

◆ 参与拍摄广东省天行健慈善基金会爱眼护眼系列短片

◆ 参加安徒生（国际）艺术展（小学组）

我的演讲之路

我是一个胆小的孩子,从上小学时起就是这样。

记得第一次踏入学校时,我不敢离开妈妈,紧紧搂着妈妈不松手。妈妈将我送进班级便匆匆离去,我当时还很小,跟不上妈妈,也不敢动,只好随便找了一个座位坐下来。因为我很胆小,不敢跟别人相处,所以那个学期结束了,我都没有交到一个朋友。妈妈觉得我应该放开一点,胆子大一点。于是,就给我报了很多兴趣班。比如舞台剧和音乐剧,其实我都表演得不错,那里的姐姐们也很喜欢我。可每次面对很多人,我还是容易害羞,我努力尝试学习怎么与人交往,但每次刚鼓起勇气又马上退缩了,我仍不擅长交流。**妈妈总是鼓励我,每当我有一点点的进步就肯定我、表扬我。妈妈想尽一切办法帮助我树立自信心。**

后来,妈妈决定让我学演讲。我还有两个弟弟,妈妈不能把所有的时间都花在我身上,所以有一段时间,妈妈都没再问过我学演讲的事。

在一年级下学期,我交到了一个新朋友,她叫诺米(小名)。诺米是一个很开朗的小女孩,她有很多好朋友,并把他们介绍给我。我不擅长交流,但还是在诺米的开导下交到了几个新朋友。诺米知道我比较内向,每次下课就来找我玩,带我走遍了整个学校,我也渐渐变得大胆起来,朋友越来越多。

我的朋友越来越多,胆子也越来越大,妈妈发现了这一点,很欣慰,想起来给我找演讲老师。

可是过了两年,还是没有找到。到了小学三四年级时,我有些驼背,妈妈便给我报了模特课,在一次次表演中,我越来越自信,敢在家庭春晚上表演节目了。

又过了一年,有一天我们去参加活动,最后我虽然上台演出了,可是还是不好意思做自我介绍。那天之后,妈妈很执着,说一定要给我找一个演讲老师。

功夫不负有心人,妈妈终于在 2023 年 11 月为我找到了演讲老师。她就是鹿老师,一名出色的演讲老师。我很喜欢她,也愿意跟着她学演讲。鹿老师真的很善于观察,第一节课就看出我害羞,她很有耐心地倾听我讲话,给我很多时间,让我去充分地介绍自己的优点。在她的指导下,我学会了如何有效地做自我介绍——没有一句废话,却表达得非常完整。

2023年,我第一次在学校红旗下演讲的时候,还需要校长在旁边反复地叫我大声一点。那时我还是一个上了台也怯懦的小女孩,今年我已经可以主持家庭春晚了。我实现了从一个害羞的小女孩到自信的演讲者的蜕变。

我觉得我进步了很多,但是如果要在演讲这条道路上走下去,还需要大量的学习和练习。**我相信,在今后的学习里,只要我努力不放弃,我一定能做得更好。**

在学演讲的这条道路上,我经历了重重困难,渡过了许多难关。**我相信,未来任何事情只要我愿意去做,坚持去做,绝对能做好。加油!**

记住，生活中的每一次不易，都是成长的机会；每一个挑战，都有它的意义。

给宝贝女儿吴若溪的一封信

亲爱的大地宝贝（吴若溪的小名）：

虽然你已经11岁了，是小学五年级的高年级学生了，但在妈妈心里你永远是我的大地宝贝。

时间过得真快啊！从你出生到现在，一晃11年过去了。妈妈每一年都会在你生日那天给你写一封长信，那是妈妈对女儿表达爱的一种方式。

妈妈认真读完你写的《我的演讲之路》这篇文章，惊讶地发现，我的大地宝贝比妈妈想象的还要心思细腻，还要善解人意，你体谅妈妈照顾弟弟无暇顾及你，你的贴心与懂事，让妈妈瞬间泪流满面。**那一刻，你成长的每一个瞬间，都浮现在我的脑海里。那一刻，我的心中充满了复杂的情绪，有骄傲、感动，还有自责。**

你的文章如同一面镜子，映照出你内心的成长与变化，也

反射出我作为母亲的喜悦与遗憾。

在你的成长路上,我总想给予你最好的陪伴,然而我未能时时刻刻做到这一点。尤其是在照顾你弟弟们的日子里,我知道,我对你的关注不够多,可能让你觉得自己被忽略了。宝贝,妈妈对此心中充满歉意。但请你相信我,妈妈对你的爱从未减少,我一直在默默为你加油、为你祈祷。

在成长的道路上,每个孩子都有自己的节奏,你的成长节奏刚刚好。你教会了我耐心与等待的意义,你的每一次尝试与努力,都是你成长的见证。我深知,作为妈妈,最重要的任务,就是在你需要的时候给予你足够的支持与鼓励,让你感受到爱与安全,让你有勇气面对生活的挑战。

你在《我的演讲之路》中提到的每一次挑战、每一次尝试,都让我无比感动。你从一个胆小的小女孩,成长为一个勇敢的演讲者,这一路上,你的勇气、你的坚持,让我看到了什么是真正的成长。妈妈想告诉你一个道理:真正的勇气,不是不惧怕,而是即便恐惧,也愿意去克服恐惧。你做到了,妈妈为你感到骄傲。

宝贝,妈妈希望你知道,你的每一次努力,无论结果如何,都是值得称赞的。因为在这个过程中,你学会了如何成为更好的自己,学会了如何面对困难与挫折。

记住,生活中的每一次不易,都是成长的机会;每一个挑战,都有它的意义。

宝贝,愿你在成长的路上,始终保持对世界的好奇与热爱,愿你的生命之旅充满精彩与幸福。**记住,无论你走到哪里,妈妈都会用全部的爱为你加油。**

爱你的妈妈

2024 年 2 月 26 日

第四章

未来在即

辛一朵

出生年月：2013年8月

获得荣誉：

◆ 荣获第八届"中国美育·绽美国际"舞蹈艺术展演全国总决赛特金奖
◆ 荣获"桃李杯"全国总决赛儿童A组二等奖

那一刻，我长大了

在我成长的道路上，随着年龄的增长，许多小时候的记忆消失在了脑海里。那件事，却让我至今难忘。

我从小就热爱舞蹈，学习舞蹈。每年的舞蹈考级和年底汇演都是我展现自己的机会。每一次演出、考级，我跳的全是集体舞，团队合作让我感到很放松，因为即使忘记了动作，也能偷偷看一下别人的动作，直到有一件事改变了我。

一天，舞蹈老师找我聊了一下。原来是独舞比赛开始报名了，老师说我是我们班里跳得最好的，想让我去参加独舞比赛。这让我陷入了深深的沉思。

最终，我在老师和家长的鼓励下，报名参加独舞比赛。这是我第一次参加独舞比赛，上课第一天我原本以为会很简单，没想到简直难如登天。由于是独舞，我需要熟记动作，还要花很多时间练习。我总是记不住动作，每一天都疲惫不堪。每一天，我无时无刻不在复习动作，离比赛越近，我就越紧张。**不过**

我经过日复一日的努力,把动作记得越来越熟,跳得越来越标准。

终于迎来了比赛的日子。比赛当天,我在后台默默看着其他选手跳舞,看到各种优美的舞姿,我感到巨大的压力。我眉头紧皱,心跳加快。我一上台,就汗如雨下,内心不安,但是看到台下老师和父母鼓励的目光,我又自信起来,恢复了斗志。

我站在舞台上,无数的灯光照耀在我身上,四周的摄像机都指向我,**面对第一次独舞的挑战,我坚信自己一定不会辜负前几个月的努力,不会辜负父母与老师的期望,也一定不会辜负这次挑战自我的机会**。音乐响起,我快速进入状态,沉浸在舞蹈的世界里。

音乐停止,台下一片热烈的掌声,就连评委也忍不住跟着一起拍手。最终,我荣获了这次比赛的特金奖,拿到了人生中的第一座奖杯。

我深刻地意识到,在这短短的几分钟里,我长大了。

你将要走的路是一条未知的路，妈妈没有走过，爸爸没有走过，甚至改变世界的伟人也没有走过，这条路是你的路，你要坚持自己的选择。

你的梦里，不必有我

一朵：

这是我给你的第一封信。我真是个没出息的妈妈啊，还没开始写呢，就想哭了。世界上怎么会有这么可爱的宝贝呀，谢谢你挑选我做你的妈妈。

从严格意义上来讲，我们母女俩算是生死之交了，让我痛不欲生的是你，让我笑靥如花的也是你。所以，当你在我肚子里"游泳"的时候我就在想：我该怎么待你？

如果只能聊一件事情，那我一定要和你聊聊做自己的这件事。

一朵，请你一定要做自己。

想哭就哭，想笑就笑，勇敢表达自己的喜好

你唯一需要讨好的人就是你自己，因为你值得这世间所有美好的一切。谁都不欠你的，所以你需要自己去探索、学习和经营。你将在越来越多的时候感觉到，并不是想哭就能哭，想笑就能笑的，但我希望你勇敢表达自己的喜好。你内心所有的感受都可以透过身体来传达，你需要保持对身体的觉察，接收身体传递的信息，并做出决定。

如果有人触碰了你的身体，你感觉厌恶、恶心、不舒服，那就在第一时间拒绝，哪怕这个人是亲人或是你熟悉的人；如果有人用语言冒犯了你，让你感觉受侮辱、被嘲笑，那就表达你的立场，可以尝试多用几种方式；如果遇到自己喜欢吃的东西，那也要适可而止，不要贪嘴；如果遇到有人欺凌你、侵犯你，或者是你受到了难以启齿的伤害，第一时间找妈妈，我是你坚强的后盾，我会和你一起面对并解决任何问题。

忠于自己的内心做事，一流的才能都源于内心

相信自己的直觉，你不该成为任何人的机器，保持独立思考的能力，是你受用一生的秘诀。

小到一双鞋、一件衣服，大到选择专业、求职，我们身边总是出现一些声音：

蓝色比红色好看！

这件才适合你！

女孩子选择师范专业多好呀！

……

是不是觉得很吵？那就听一听自己内心的声音。这个声音，才是你做选择的依据。

你将要走的路是一条未知的路，妈妈没有走过，爸爸没有走过，甚至改变世界的伟人也没有走过，这条路是你的路，你要坚持自己的选择。

你没有义务按照任何人的意愿去生活，也没有权力按照自己的期望去干涉别人的生活。

清楚自己的界限，不要活在别人的看法里（这个别人也包括我）

在我们的环境里，尤其是家庭成员之间，人和人的界限感是很弱的，所以常常会出现一些难以拒绝的事情，比如你做事情，会有很多人来插手。

想吃鸡蛋，并不是因为鸡蛋好吃，而是因为自己剥鸡蛋壳很好玩，但是姥姥会直接给你剥好鸡蛋，因为忍受不了你的拖拉。

上学时，到了校门口，你迟迟不肯下车，不是因为不想上学，而是想自己打开车门，但爸爸妈妈总是不等你动手就打理好一切，只等你抬脚。

如果我们为你做的事超出了你的界限，请第一时间提醒我们。

你不是我的希望，不是的

你是你自己的希望

我那些没能实现的梦想还是我的

与你无关，就让它们与你无关吧

你何妨做一个全新的梦

那梦里,不必有我

······

你我也只能成为对方人生的某个部分

然而我爱你,我的孩子

我爱你,仅此而已

——海桑《给我的孩子》

爱你的妈妈

2024 年 2 月 20 日

杨源哲

出生年月：2010年4月

获得荣誉：

◆2022年参加第十八届"为学杯"全国中小学生创新作文大赛，荣获全国（小学组）二等奖
◆2022年获得朗思国际英语考试C2证书
◆参与志愿者公益活动

志之所趋，无远弗届

我是听着古希腊神话和中国上下五千年的故事长大的，自我记事起，我就抱着古希腊神话口袋书阅读，虽然我不能完整理解故事的意义，但这并不妨碍赫拉克勒斯（宙斯与阿尔克墨涅之子）成为幼小的我最敬佩的神祇。

欧律斯透斯出于个人的嫉妒和神谕要求的双重原因给赫拉克勒斯安排了几乎无法完成的12项任务，最后坚毅执着的赫拉克勒斯凭借着自己的智慧、坚定的信念和不屈的意志战胜了重重困难通过了他通往神祇的12项考验。赫拉克勒斯的精神从那时起就渐渐地进入了我小小的世界，在我成长的路上给了我榜样的力量，让我克服对水的恐惧，在5岁的时候拿了区幼儿蛙泳一等奖，让天生小拇指短的我克服障碍成为一名儿童乐团的小提琴手，更让我一次次突破，成为更好的自己……

志之所趋，无远弗届。

志向是人生的灯塔，它照亮了前行的道路，让我们不懈奋

斗,即使面对再大的困难和挫折,也能咬牙坚持。

正如伟大的科学家爱因斯坦所说:"我没有特别的才能,我只是极度好奇。"这种对未知的好奇和追求,正是志向的驱动力所在。

受妈妈的影响,我很喜欢探寻"最简路径"。但随着年龄的增长,我发现寻找"最简路径"是世界上最难的难题。

我有一个"心狠"的妈妈,她总喜欢带我去陌生的地方玩耍,然后突然"消失"(其实妈妈一直偷偷跟在我身后),看我怎样寻找回家的路。每当我在老奶奶、阿姨、叔叔、伯伯们关切的帮助下,跌跌撞撞地找到回家的路时,妈妈就会从我身后跳出来。你以为这就结束了吗?回家后妈妈会带着我画画。长大后我才知道那个时候我画的是什么——回家的地图。我喜欢和妈妈一起画地图,画完之后我特别有成就感,妈妈也很喜欢听我讲我画的"画"。

慢慢地,我养成的画地图的习惯成为我寻找最简路径的法宝。

我喜欢将我所读的书里面的人物关系画出来。看了《苏东坡新传》后,就萌生了将历史上命运多舛的诗人在他们人生每个时期的代表诗词画出来,再进行对比的想法,因为我发现自从读了诗人的传记后,我特别容易记住这位诗人写的诗,更能被他们乐观积极、坚持气节的事迹打动。这就是我目前发现的阅读的"最简路径"。

这虽不是小工程,但乐趣无限!

诗圣杜甫在开元二十四年(736)于漫游途中写了风格雄浑奔放、充满朝气的《望岳》,"会当凌绝顶,一览众山小"是何等豪迈与意气风发!困居长安后,杜甫的诗歌慢慢从抒发自己的豪情抱负变成了描写人民疾苦和对国家兴衰的深切关注,"君不见,青海头,古来白骨无人收"是何等悲怆。在人生的终章,诗圣杜甫的诗歌趋于沉郁顿挫,"万里悲秋常作客,百年多病独登台。艰难苦恨繁霜鬓,潦倒新停浊酒杯"又是何等悲凉!

从杜甫到李白,从柳永到辛弃疾,我画得越来越多,似乎两千多年的历史长轴在我的心中变短了,所画的诗人形象在我的心中更加深刻鲜明。

进入初中后,因为住校,自由支配的时间变得很少,我会在周末利用闲暇时光和爸爸妈妈讨论人物传记,到了假期会凭着回忆和时间轴画一大幅画,从国内人物传记到国外人物传记……这些鲜明的人物如同一张网,根植在我的脑海里,挥之不去。

我是幸运的,能在我快 14 岁的年华找到我的兴趣所在;更幸运的是,从幼时到初中,我没有放弃我的爱好,也没有放弃我的理想——成为一个能永远仰望星空的人,像赫拉克勒斯一样坚毅勇敢地追求理想。

"志之所趋,无远弗届。"让我们牢记这句古训,用热爱和执着努力书写我们的人生华章!

孩子，爸爸妈妈打心眼里觉得你是全世界最好的女儿。

给宝贝女儿杨源哲的一封信

我的宝贝可可(杨源哲的小名)：

你好！在这个新年假期，谢谢你每天风雨无阻陪着妈妈在江边散步。

你还记得，散步的第一天，妈妈就在江边号啕大哭吗？

不是因为悲伤，是妈妈还没有准备好，你就长成了一个大姑娘。那天陪妈妈散步的时候，玩得正兴起的你，弯腰从地上捡起跳跳球，突然转过身来朝着妈妈傻笑，妈妈瞬间记起你不到 3 岁时的小模样：同一个地点，同样捡东西的动作，同样突然转过头来用稚嫩的声音喊着"妈妈"，同样对我微微笑。

是啊，妈妈还没有准备好，你却已是少年。

你还记得 2022 年，妈妈孕期大出血，躺在床上等救护车来的时候，你抱着妈妈的头，不停说"我错了"的样子吗？

也许老天爷觉得你太孤单了，在妈妈 40 多岁高龄的时候，赐给了妈妈第二个孩子。这是突如其来的惊喜，可妈妈知道其实我们全家都没有做好心理准备。12岁的你在那天之后,就突然不和妈妈腻歪了,可就在你知道即将有一个弟弟或妹妹的前一天,你还在妈妈怀里撒娇。

妈妈那天吓坏了,躺在床上等救护车来的时候只知道哭着对爸爸说:"我要我的宝宝,我不要他有事;我要我的宝宝,我不要他有事……"你抱着妈妈头说了一段妈妈一辈子绝不会忘记的话,妈妈那个时候觉得愧疚极了,你说:"妈妈,我错了,呜……我不该在房间偷偷抱怨你肚子里的小宝宝夺走了你们给我的爱,我不该说他为什么不打一声招呼就来到我们的家,我更不该说不让他睡在我的床上换尿不湿……妈妈,我错了,我再也不抱怨小宝宝了,呜……我以后把我的爱也分给他,我把我的房间也让给他,我把我最喜欢的零食也分给他……"然后你又轻轻地伏在妈妈的肚子上,对肚子里的宝宝说:"宝宝,姐姐错了,姐姐错了……"

我的可可,你怎么会有错?是爸爸妈妈没有好好照顾你的感受,让你独自背负了太多。

你还记得你考完英语C2那天,你无忧无虑的大笑吗?

你总是给妈妈惊喜。也许是因为妈妈的教育方式,你从会爬开始就能帮着妈妈干活儿,从小就特别活泼乖巧、懂得体谅人,更从两岁多就开始自己独立阅读,最让妈妈骄傲的是你5岁左右的时候和妈妈还有妈妈的好友欣赏完一场露天音乐会后，你在用餐期间和我们畅谈古希腊神话故事，那么复杂的人物关系、那么复杂的事件、那么复杂的场景，你都能如数家珍娓娓道来，当时妈妈简直自豪得不行！

超级自信的你几乎满分通过了朗思国际英语考试 C2 的考核。

你还记得你上三年级的时候，和妈妈发生的第一次激烈的语言冲突吗？

每次你们班主任家访的时候，向爸爸妈妈描述你在学校里的表现，妈妈总会表示怀疑："这说的是我的可可吗？"因为在妈妈的眼里，你是需要呵护的小娃娃，但在老师眼里，你是能独当一面的好帮手。

也许妈妈太自以为是了，总觉得这么乖巧的你可以理解爸爸妈妈用心良苦，那一次语言冲突给了妈妈当头棒喝，让妈妈不断地反思自己对你是否过于苛责。你哭喊着对妈妈说："你和爸爸能不能表扬我一次！呜……为什么你们眼里只有我的缺点，我就没有什么值得你们夸的吗？为什么爸爸对其他小朋友那么温柔，为什么我上三年级后爸爸再也不温柔地和我说话了，每次都说我，就知道说我，我怎么就不好了，呜……"

孩子，爸爸妈妈打心眼里觉得你是全世界最好的女儿，但

当时爸爸妈妈一心想的是,你的优点不需要我们再说,我们只需要把你做得不够完善的地方告诉你,引导你怎么做得更好。没想到我们的这种思想让你觉得我们不够爱你,觉得爸爸妈妈看不到你身上的优点……

我的宝贝可可,妈妈也是第一次做妈妈,妈妈也需要你带着妈妈长大,谢谢你给了爸爸妈妈很多爱,但请你永远别忘记,**你是爸爸妈妈的心头肉,爸爸妈妈还有弟弟永远是你最坚强的后盾。勇敢做自己吧,我的宝贝,我们全家都爱你!**

爸爸妈妈
2024 年 2 月 23 日

尹畅

出生年月：2008年8月

获得荣誉：

- ◆2018年荣获全国青少年艺术选拔赛决赛街舞类二等奖
- ◆2019年荣获全国少儿电视春晚优秀小演员奖
- ◆2023年荣获全国青少年模拟联合国大会"优秀外交官"称号

沙漠骑士：童子军的冒险之旅

2023年暑假，一次偶然的机会，我得以参加去内蒙古的童子军夏令营活动，我非常激动。因为我的爸爸以前是一名军人，所以我在小的时候就觉得军人很威风，谁不想体验一把穿上军装的感觉呢？

于是，我怀揣着激动又紧张的心情，登上了飞机，来到了内蒙古。在这里，我与16个小伙伴共同组成了"骑士军团"。

在"骑士军团"，我们每个人都要竞选各自的职务，以便接下来更好地分工合作。第一个竞选的是队长，虽然我的年龄最大，但我没有参加竞选，因为我认为无论在哪个职位都可以很好地为大家服务。**晚上吃饭时，教官教给我们温暖誓言，这是每个童子军饭前必须背诵的，让我们明白每一餐都来之不易。**

后来，我们来到了一位蒙古老爷爷的家里做客。进了蒙古包，我拘谨地坐在座位上，因为蒙古族待客有各种习俗：接近蒙古包时，要轻骑慢行，以免惊动畜群；在进蒙古包以前马鞭和马棒要放在门外;在蒙古包里做客,主人躬身为客人端上奶茶,客人应欠身双手去接;蒙古包内西北角为供佛的地方,睡觉时脚不能伸向西北角;不能用烟袋或手指人头;不许用脚踩碰锅灶,不能在火上烤脚,否则等于侮辱灶神;出蒙古包后,不要立即上车、上马,要走一段路,等主人回去了,再上车、上马。

老爷爷和他的妻子热情地给我们送来了当地的饼和酸奶,我们急忙欠身双手接下。这里的酸奶,不是甜的,而是咸的,温热的酸奶加上饼,别有一番风味。老爷爷还向我们讲解了当地的一些习俗,蒙古族的热情好客也让我们逐渐不再拘束,最后我们每个人都穿上了当地的民族服饰,大家合影的时候,我感觉我们已经和这片土地融为了一体。

去蒙古族老爷爷家做客的经历让我明白,我们要勇于尝试和体验新的事物,这样才能开阔眼界、增长见识。生活中有很多未知的事物等待我们去探索和发现,我们要勇于尝试,才能收获更多的精彩。

既然来到内蒙古,怎么能不射箭和摔跤呢?于是,我们每个"军团"之间展开比赛,每人先拿一把弓和两支箭,到一边练习,教官在一旁指导。很快,随着一声哨响,草原射箭大赛正式拉开帷幕。

双方你一箭我一箭,局势焦灼。很快轮到我了,我深吸一口气，不缓不急地弯弓搭箭，眼睛微眯，对准靶心，"嗖"的一声，十环，正中靶心。"中了！"我们队欢呼起来。就这样，在队员的配合之下，我们队赢得了比赛。其实，我在射中靶心的时候不是最开心的，当我们队赢了之后队员们一起欢呼才是最开心的，独乐乐不如众乐乐嘛！

接下来的每一场比赛我们都拔得头筹，这多亏了队员之间的通力合作。后来搭帐篷更是如此，没有默契的配合，我们是搭不好帐篷的。

这让我意识到团队合作是成功的关键。 无论是射箭比赛，还是在沙漠徒步，我们团队始终保持着紧密的合作与默契的配合。**我深刻体会到，只有相互支持、共同努力，才能取得更好的成绩，无论我们身处何种环境，都要学会和他人合作，发挥团队的力量。**

在这次夏令营活动中，最艰苦的任务是徒步库布奇银沙漠的塔拉沙漠，我们将在这里完成16公里的沙漠徒步。行军餐、防风帽、登山杖……一切准备就绪之后，我们就向着沙漠进军了。

开始我们嘻嘻哈哈的，用登山杖在沙子上留下自己的标记，时不时还有人被吹到嘴里的沙尘呛得眼泪直流。中午，我们找了一棵大树，在树荫下吃饭。到了下午，我们感到疲惫了，在沙漠中走路消耗的体能是在平地行走的三倍,更何况头顶上还有那么大一个太阳。

大家虽然都很疲惫,但没有一个人喊累,看到教官帮两个最小的童子军拿起了背包,我瞬间充满了干劲,也帮一个小伙伴拿起背包。我们走了很久,但是没有一个人喊累,我们互相加油、打气,共同进退,最终走完了全程。

这让我意识到坚持不懈是成功的基石,让我坚信只要我们有坚定的信念和毅力,就没有什么能够阻挡我们前进的脚步。 当我们遇到困难时,不要轻易放弃,要坚持下去,相信自己一定能够克服困难。

希望我的这次经历能够给大家带来一些启示和帮助,让我们在人生的道路上更加勇敢、坚定和自信地前行。

那一刻，我突然领悟，或许，不介意的人生，才是真正美好的人生。

魔镜的启示：沙漠中的骑士与人生的导航

儿时，在看童话《白雪公主》时，我并不羡慕白雪公主的纯洁美丽，也不羡慕皇后的至高权力，唯一令我向往的是那面能吐露真言的魔镜。皇后在疯狂中将其粉碎，我心中不禁涌起一丝遗憾——若那面镜子属于我，该有多好！

你可能好奇：拥有一面说真话的镜子有何用？毕竟，它并不能使梦想成真。儿时的我并不理解，但随着时间的流逝，我逐渐明白，我天性厌恶混沌、模糊和困惑，对我而言，解开谜团至关重要，我不愿在世事的消磨中迷失自我。

拥有一面魔镜，就如同拥有了人生的指南针，它引领我挥洒汗水与泪水。然而，现实世界里并无魔镜，即便是导航软件，也需要我们明确起点与终点。人生的旅程，我们往往是在行进中才逐渐清晰自己的方向。**许多人终其一生，也未能发现自己的起点，更不用说启程了。**

既然不曾拥有，那就踏上寻找之旅。在寻找的过程中，我所渴望的，逐渐向我靠近。2008年，上天赐予我一个儿子，一个可爱至极的小男孩！**他的出现，宛如一束光芒照亮了我的内心，激励我不断审视和调整自我。**

这个小家伙似乎天生具有安抚人心的力量。无论遇到何事，他都能保持镇定，从小到大，他焦急的次数屈指可数。即便被他人占了便宜，他也从不介意。记得有一次，邻居的孩子用一个破旧的娃娃换取他的变形金刚。尽管他不愿意，但在对方的威胁下，他最终还是交换了。

我目睹了全程，期待在他脸上捕捉到一丝情绪的波动，然而整个下午，他的脸上都洋溢着灿烂的笑容，哪有半点被迫交换的委屈或不甘？我问他是否愿意交换，他回答说，一开始确实不愿意，但很快就释然了，因为那个下午他过得很愉快。

我原以为他只是无忧无虑，直到他上了中学，看到他与同学相处的方式，我才恍然大悟——**他并非不知被占了便宜，他只是真的不介意。**

那一刻，我突然领悟，或许，不介意的人生，才是真正美好的人生。

随着他年龄的增长，我开始辅导他学习。急性子的我在辅导功课时，有时也会失控。我生气、发火、敲桌子，甚至敲他的脑袋……一番严厉的训斥后，儿子彻底蒙了，空气凝固了，他显得无助而迷茫。而我,在愤怒之后,心中充满了深深的悔意。尤其是看到儿子发呆的样子,我无比愧疚。但身为父母,我又怎能轻易认错呢？眼见,亲子关系即将陷入僵局……

然而,不到6岁的他,在短暂的沉默后,不安地望着我,摇着我的胳膊说:"妈妈,我还小,我还不会。我不会的东西,你慢慢教我,我一定好好学。你好好跟我说,好吗？"

我再也控制不住自己的情绪,紧紧地抱住了他:"宝贝,妈妈错了,妈妈不该对你发火。你能原谅妈妈吗？"

儿子伸出小手,捧起我的脸:"嗯,妈妈,我们都好好说话,慢慢说话吧。"

是啊,好好说话、慢慢说话,这样的人生,难道不是更加美好吗？

俗话说:"三岁看大,七岁看老。"**儿子小时候就很会照顾他人、考虑他人的感受**。他会悄悄地帮我整理被角,自己穿衣,总是和颜悦色,从不伤人。

长大后,他成了小伙伴们的中心。孩子们总是问:"尹畅哥哥呢？尹畅哥哥怎么没来？尹畅去哪儿,我就去哪儿……"

尹畅,成为安定人心的力量。他好好说话,从不计较,他温润如玉；他按照人生的轨迹,一步步稳健前行。他活出了真善美的模样,让我看到了美好人生的模样。

有一天,我突然明白:这不就是我的魔镜吗?我的儿子就是我的魔镜呀!

那晚,我梦见了魔镜。我缓缓走近,伸手触摸梦想中的宝物。魔镜睁开了眼,变成了儿子的模样。

魔镜告诉我,他是天上的天使,在天上选中了我做他的母亲。

魔镜告诉我,他听到了我的请求,化身为我的儿子来到我的身边。

魔镜告诉我,他想让身边的人都感受到美好,看见美好的样子。

我问魔镜,我的儿子将来会成为什么?

魔镜告诉我,他将成长为沙漠中最强的骑士!而我,将永远是他最骄傲的母亲。

我笑了,心想,拥有魔镜,真好。

妈妈
2024 年 3 月 20 日

张莫凡

出生年月：2009年7月

获得荣誉：

- ◆ 获得中国音乐学院古筝表演文凭级证书
- ◆ 获得"华彩绽放"艺术素质水平展演古筝演奏金奖
- ◆ 获得第十一届"阅读之星"外文杯全国青少年阅读风采展示活动（英文组）北京市二等奖

细说那风景

我伫立在天子山山顶,看着那被渲染成一片殷红的天空,感叹着日出时分天子山的寥廓与壮丽。这风景就像一帧帧照片定格在我的脑海中。

将心贴近自然,方能感受生命的美妙。早在凌晨2点,我们便穿戴整齐,踏上前往天子山的路。我坐在车里,望向车窗外。路边杂草丛生,天空漆黑无比,只能隐约看到几颗繁星,没什么可欣赏的,耳边嗡嗡响起蚊虫的声音。我怀着满腔的热情,想早一点儿到达山脚。最终,我们来到天子山脚下。

向上攀登的途中,高耸入云的山峰令我震撼。环顾四周,全是些坑洼不平的石壁,有些石缝中还生长着野草,脚下的石阶经过岁月的打磨,变得光滑无比。我紧紧抓着石壁,小心翼翼地迈上一个又一个台阶。不知爬了多久,我向远处望去,发现刚刚还如黑墨般的天空,此时远处有了一抹淡淡的橙色,前面连绵的山峰也不觉得那么碍眼,反而被这柔和的光芒披上了一层薄纱。

继续向上爬,我开始累了,大口大口地喘气,额头上冒出的细密汗珠打湿了头发,黏在脸上格外难受,脚步也变得越来越沉重,双腿仿佛被灌了铅。我提议:"我们休息一下吧。"大家应和着相继坐下。我不由地再次举目眺望,天边已完全被橙色晕染,有一些淡白色的云若隐若现。

盛夏的清晨还是很凉快的,微风吹拂,心旷神怡。休息过后,我们接着向上爬。欢声笑语中,时间过得飞快。没过多长时间,我们终于攀上了天子山的山顶。我坐在长椅上,擦着汗水,再次向远处望去,淡淡的橙色逐渐被热烈的赤红所替代。天与地相连的地方,挂着一个半圆形的火红的圆球,连绵的山峰这时像披上了一层缎带。我探了探身,椅子旁的杂草上还垂着几颗饱满的露珠。渐渐地,日光越来越刺眼,光束打在山上、树上和我的心里,山顶的一切是那么生机盎然、充满希望。

我不禁张开手臂感受着这片景色。那一刻,所有的压力仿佛一扫而空。我永远也无法忘记,也不知用什么词汇来形容当时的感受,也许只有自己真正站在天子山顶,才能感受到吧。

有人说,登山则情满于山,观海则意溢于海。那片风景深深地印刻在我的脑海中。爬山的过程中,我明白了一个道理:**只要手中攥着信念,坚持努力,就一定能攀登高峰,领略雄奇的美景。**

在未来的日子里，无论遇到什么困难，都请相信，你拥有足够的力量去面对。

写给女儿的一封信

亲爱的莫凡：

你看到这封信时，也许是在一个阳光明媚的午后，也许是在某个静谧的夜晚，也许是在某个需要勇气和灵感的时刻。但不管何时，我都希望这些字句能如同轻柔的风，温暖你的心房；我都希望你知道，我的爱和支持，如同这信中的每一个字，永远伴随着你。

转眼间，你已经15岁了。我还记得你出生的那天，小小的你躺在我的怀里，那一刻我才真切感受到了生命奇迹。从那以后，你的每一个"第一次"都被我小心翼翼地记录下来，你第一次睁眼、第一次微笑、第一次走路、第一次叫妈妈……每个瞬间都是我们共同的宝藏。

现在，你正处于人生中一个特别的阶段——青春期。**这是一个既令人兴奋又可能让人感到困惑的时期，美妙而复杂。**每一天，你都在学习成为自己；每一步，你都在塑造属于你的未来。我知道,这个过程中有欢笑,也有泪水;有光明,也有阴影。但亲爱的,请你记住,这一切都是成长的一部分,是你铸就独一无二的自我的必经之路。

我的宝贝,妈妈希望你明白,坚强并不意味着你不能展示自己的脆弱。勇敢不是说你不会感到害怕,而是即使心中有恐惧,你也能勇往直前。人生就像是一场冒险旅行,我们无法预测下一刻会发生什么,但我们可以选择如何面对它。遇到困难时,拿出勇气,相信自己有力量去克服它们。每一次的挑战,都是对你能力的考验,也是让你变得更加坚强和勇敢的机会。

我的宝贝,妈妈希望你做自己。因为在这个世界上,只有一个你。你是最真实、最特别的,不用为了迎合他人或适应环境而改变自己的本色。真正的力量来源于内心的坦诚和自信。或许有时候,做自己会让你觉得孤单,甚至被误解,但请相信,坚持真实的自我,总有一天,你会找到那些能够理解、欣赏并爱上真实的你的人。

我的宝贝,在追求梦想和目标的道路上,请始终保持好奇心和学习的热情吧。世界如此广阔,充满了无限的可能,不要害怕去探索未知,因为知识和经验是你最宝贵的财富。同时,也请记住,成功和失败都是生命的一部分,不要因为一时的挫败而放弃。每一次跌倒后,都还有重新站起来的机会;每一次失败,都在为你铺设通往成功的道路。

我的宝贝,妈妈希望你的生活充满爱和喜悦。 与人为善,用你的温暖和光芒照亮他人;但在给予他人关爱的同时,也请不要忘了爱护自己。自爱不是自私,它是让自己保持完整和幸福的基石。当你从内心真正地爱自己时,才能从这个世界获得更多的爱。

在未来的日子里,无论遇到什么困难,都请相信,你拥有足够的力量去面对。无论你身在何方,我永远是你最坚实的后盾。我为有你这样一个勇敢、独立、充满爱心的女儿无比自豪。

最后,我的宝贝,愿你的生活充满阳光,即使遇到暴风雨,也永远不要放弃寻找彩虹。 愿你勇敢地追寻自己的梦想,无论路途多么遥远艰辛。

我的宝贝,我爱你,比你想象的还要深。

永远爱你的妈妈

2024 年 2 月 20 日

张雅菡

出生年月：2011年9月

获得荣誉：

- ◆2018年荣获北京舞蹈学院中国舞八级证书
- ◆2022年荣获"桃李芬芳"全国青少年儿童舞蹈展评活动三等奖
- ◆2023年被评为校级优秀学生

登山见海

少年登高山之巅,方见江河奔涌;少年立群峰之上,更觉长河浩荡。只有那些心中永怀梦想、不畏艰难,不懈地沿着陡峭的山路去攀登的人,才有可能到达光辉的顶点。

13岁是一个非常尴尬的年纪,在大人的心中我是孩子,在其他人嘴里我是一个大人。成长带来的变化、学习产生的压力、纠结的情绪,让我时常想回到那个不管做错了什么都会被包容的年纪;或是快点长大成人,拥有真正属于自己的自由。这个年纪正处于大人们常说的青春期。

昔日在老家上学的我,总是能在大小考试中名列前茅。由于父母工作的调动,我离开了熟悉的生活学习环境,到一个陌生的城市读书。陌生的人群、晦涩难懂的语言、吃不惯的饭菜、听不完的唠叨……给我的生活和内心带来了极大的困扰。连续几次月考的失利,让我的自信心受到了极大的打击。让我随波逐流放弃自己,我又有些不甘心。那段时间我一直处于一种焦灼的状态,直到父亲用登山让我领悟了人生的真谛。

周末的一天,父亲带我去登山,本就体胖的他一点都不擅长户外运动,我心中暗自笑他自不量力。5月的南方天气极度闷热,登山真的是一项非常消耗体力的运动,我平时缺乏锻炼,爬了一会儿就气喘吁吁。我走在前面,停下来休息时,看到肥胖的父亲用一只手撑住一条大腿向上迈,然后再换另一条腿,弓着腰一步一步地挪动着。我想起了朱自清的《背影》中的"父亲"穿着黑布大马褂,蹒跚翻过月台的场景,不禁有些心疼他,我喊道:"爸,咱们歇一会儿吧。"父亲直起腰,用手臂擦过额头的豆大汗珠,笑眯眯地问我:"你知道咱们为什么来爬这座山吗?""因为这座山风景美?"我不假思索回答道。"不对,因为这座山的对面是海!"父亲用坚定的眼神看着我。"是海?!太好了,我太想看海了,来到这个南方小城我还没见过大海呢!"我又鼓足了劲连跑带跳地往上爬,虽然离山顶还有一段距离,但我仿佛已经听到大海的波涛声,全然不顾身后父亲爬山的艰难。

还有不到100米,我就快要到山顶了!虽然很累,但我铆足了劲冲刺,可当我冲刺到山顶的时候,我傻眼了,山那边的海呢?山那边依然是山啊?山那边的山像老师铁青的脸!"爸,你骗人!"父亲没有理我,依然一步一个脚印地往上爬。烈日炎炎下,浑身是汗的我一肚子的气,一屁股坐在一块大石头上。"哎呀,我这个胖子也能登上这么高的山顶!"父亲哆嗦着腿,一边说一边坐下。看到气鼓鼓的我,父亲说:"你看,当你心中向往海的时候,海就在呼唤你,再艰难的路途也阻挡不了你奔赴的脚步。**人这一生会爬上一座座山顶,也会走入谷底,但只要是你想去的地方,只要梦想在你心中,何惧路途崎岖坎坷**。你看我这样的胖子都能坚持爬到山顶,我要向全世界宣布我向瘦子的世界又迈出坚强的一步啦!"我被他最后一句呼喊逗笑了,真是辛苦和难为体重200斤的父亲带着我爬山了。

我站起身环顾四周的风景,虽然眼前没有海,但是有"会当凌绝顶,一览众山小"的景色。**远处,瀑布奔涌着。瀑布之所以壮观,是因为它没有退路;滴水之所以能够穿石,是因为它的坚持。一只站在树枝上的鸟,从不害怕树枝会断裂,因为它所凭借的不是树枝,而是它自己的翅膀。**

我心中的阴霾在此刻消散,我心中的那片海就在远方,那碧透的海潮向我奔来,一次次浸湿我枯涸的心灵。**努力坚持的人方能攀登高峰,不要总低头走路,要抬头看看星辰大海**。

展望未来,一切皆有可能。期待你的人生如同绚烂的星河。

致雅菡的一封信

雅菡：

心爱的女儿，在这辉煌灿烂的日子里，我衷心祝愿你勇敢前行，让人生的旅程充满阳光。成人礼是成长的重要标志，它不仅意味着独立的开始，更赋予你更大的责任。你的成长道路，每一步都闪耀着宝贵的光辉，而父爱如影随形，会永远在你身边默默守护。

教育是打开命运之门的金钥匙，学习不仅塑造个性，还能让思考变得更加深刻。你要珍惜每一次学习的机会，用知识武装自己，利用学习照亮成功之路。愿你在学习的道路上不断探索，勤奋努力，以知识的力量开拓自己的未来。

感谢那些陪伴你成长的同学，他们与你一同度过了无数充满欢笑与泪水的时光，与你共同成长。感激你的同学的父母们无私的支持，他们为你付出了无尽的爱与关怀。向辛勤的老师致敬，他们用智慧的火种点燃了你心中求知的热情。感谢每一位贵人的相助,他们的帮助让你在人生道路上行走得更加坚定。这些宝贵的经历是你人生财富的一部分,将伴随你走向更加美好的未来。

成长中的挑战是对成熟的赞美。你的每一个成就都见证了你不懈的努力。你的性格特点和爱好构成了独一无二的你。无论面临何种困境,你都要保持乐观的心态,勇往直前,相信自己的能力与潜力。

要勇敢面对失败,坚持不懈才能获得成功。追逐梦想,不惧困难,认清自我,有计划地行动,持之以恒,是实现梦想的关键。愿你在人生的道路上充满信心与勇气,勇往直前,不断超越自我。

公民意识、社会参与、环保意识和对公平正义的追求,这些是我们作为社会成员的责任与担当。希望你能够积极参与社会事务,关心环境保护,关注公平正义,为建设美好社会贡献自己的力量。同时,合理的职业规划也是至关重要的,它将指引你在职场中稳步前进。

健康的生活方式对于身体和心灵都至关重要。保持良好的饮食习惯、适量的运动以及充足的休息,将为你的健康打下坚实的基础。

在人际关系的处理上,真诚是不可或缺的品质。待人真诚、关爱他人、善于倾听和沟通,将使你在人际交往中获得更多的信任与友谊。

幸福的生活是我们永恒的追求。愿你在人生的旅途中,不仅追求物质上的富足,更注重精神上的满足。珍惜每一个美好的瞬间,感恩生活中的种种美好,用心去体验、去感受、去创造属于你的幸福生活。

展望未来,一切皆有可能。期待你的人生如同绚烂的星河。愿你的梦想照进现实,愿你的努力开花结果,愿你的未来充满希望与喜悦。无论你走到哪里,爸爸将永远伴随你、支持你、鼓励你、守护你。相信自己,勇敢前行,你一定能够创造属于自己的辉煌!

爸爸

2024 年 2 月 27 日